가톨릭 성체 비판

가톨릭의 새 선교와
성체 숭배에 대한 비판

로저 오클랜드 지음 • 스데반 황 옮김

기독교문서선교회(Christian Literature Crusade: 약칭 CLC)는 1941년 영국 콜체스터에서 켄 아담스에 의해 시작되었으며 국제 본부는 영국의 쉐필드에 있습니다.
국제 CLC는 59개 나라에서 180개의 본부를 두고, 약 650여 명의 선교사들이 이동도서차량 40대를 이용하여 문서 보급에 힘쓰고 있으며 이메일 주문을 통해 130여 국으로 책을 공급하고 있습니다.
한국 CLC는 청교도적 복음주의 신학과 신앙서적을 출판하는 문서선교기관으로서, 한 영혼이라도 구원되길 소망하면서 주님이 오시는 그날까지 최선을 다할 것입니다.

Another Jesus?

by

Roger Oakland with Jim Tetlow

translated by

Stephen Hwang

Copyright © 2004, 2007 Understand the Times
First Lighthouse Trails Edition, 2007
Published by Lighthouse Trails Publishing
Translated and used by the pemission of
Lighthouse Trails Publishing P.O. Box 958,
Silverton, OR 97381. U.S.A

All rights reserved

Korean Edition
Copyright ⓒ 2010 by Christian Literature Crusade
Seoul, Korea

추천사 1

오인용 목사
밴드 오브 퓨리탄스 대표

 이 책에는 로마 가톨릭의 실체에 대해 정확하고 분명하게 알려주는 대단히 귀하고 중요한 내용이 담겨져 있다. 이 책을 읽어야 할 중요한 이유는 많은 그리스도인들이 심지어는 목회자, 신학교 교수, 신학생들조차도 로마 가톨릭에 대해 무지한 실정이며 하나님의 거룩한 교회로 오해, 착각을 하는 일들이 개신교회 안에 깊숙이 널리 퍼져있으며 일부 교단과 교회들은 로마 가톨릭과 정기적으로 일치행사를 치르고 같이 모여 예배, 미사의 신앙적 교류를 친밀하게 나누기 때문이다.

 그 결과 수많은 그리스도인들이 개신교회를 떠나 가톨릭으로 옮기는 일도 비일비재하며 이를 아무렇지도 않게 받아들이고 있는데 여기에는 심각한 의문점이 있다. 즉, 교회에서 왜 다른 이방종교(불교, 이슬람교 등) 또는 이단(통일교, 신천지, 여호와의 증인 등)에 대해서는 철저하게 경고하고 주의를 당부하는데 그에 못지않게 비성경적인 교리와 미신적 신앙, 우상숭배 등으로 하나님을 대적하는 로마 가톨릭에 대해서는 어떤 경고와 주의도 들을 수 없는가이다. 오히려 갈수록 로마 가톨릭과 가까워지고 있는 배도의 현상이 나타나고 있다. 그것은 그만큼 로마 가톨릭에 대해서 개신교회가 무지하기 때문에 생긴 결과다.

이 책은 그런 일들에 대해 명확하고 분명하게 또 진실되게 가르쳐주는 내용들이 담겨져 있다. 특히 로마 가톨릭이 예수님에 대한 신앙을 가지고 있으니 같은 기독교회이며, 같은 믿음의 형제로 교제할 수 있다는 주장을 하는 일부 신학교 교수들과 목회자분들은 이 책을 꼭 읽어보시길 바란다. 또한 아직 로마 가톨릭에 대해서 명확하게 알지 못하는 분들도 이 책을 읽어보기를 권한다. 그러면 엄청난 사실에 대해서 알게 될 것이다.

끝으로 우리 시대는 지금 대단히 영적으로 혼란스럽고 배도와 배교의 상황이 너무나 심각한 때이다. 거룩한 성경말씀이 가르치는 신앙, 교리, 교회가 점점 사라지고 있다. 특히 종교다원주의 혼합주의가 더욱 급하게 교회로 파고들어와 종교 간의 대화, 화해, 일치운동으로 참된 주님의 교회를 무너트리고 있는데 그 중심에는 로마 가톨릭이 버티고 있으니 더욱 경계해야 할 문제다. 아무쪼록 시간을 내어 이 책을 읽는다면 귀한 분별력과 바른 신앙에 대해 명확하게 알게 될 것이다. 이런 귀한 책을 번역하신 스데반 황 목사님과 출간을 단행한 CLC(기독교문서선교회)에 감사의 마음을 전한다.

추천사 2

정태윤 목사
복음주의 형제회

21세기의 전세계 기독교회를 살펴보면 각 교단의 지도자들은 앞을 다투어 로마 가톨릭에 접근하고자 하거나, 아예 통합을 추구하려는 경향을 보이고 있는 이때에 로마 가톨릭의 존재 자체나 그 교리가 절대 비성서적이라는 것을 알리는 이 책은 가장 필요한 책이지만 가장 환영받기 어려운 책일 수도 있을 것이다.

현대 로마 가톨릭의 가장 저명한 신학자 중 한 사람인 맥브리엔(Richard P. McBrien)은 『가톨릭주의』(Catholicism)라는 책에서 "로마 가톨릭주의를 가장 간단하게 설명한다면 그것은 '성사주의'이다"라고 말하고 있다. 그리고 그 '성사주의'(sacramentalism)의 핵심은 바로 성체 성사(Eucharist)이다. 독자들은 아직 로마 가톨릭이 "성체 성사"를 얼마만큼 소중히 여기고 있는지 감각이 가지 않는 분이 많이 있을 것이다. 하지만 이것은 바로 바벨론 문명이 남긴 유산이고 말할 필요도 없이 로마교회가 전수(傳受)받은 어둠의 세력이다. "성체 성사의 그리스도"를 받아들이는 교회들은 비교적 성서적 교리에 약한 교회들이며(많은 은사주의 교회들이 포함되어 있음) 로마교회의 "파티마" 현현들(apparitions)은 무하마드의 딸 "파티마"를 인하여 이슬람교와 연결 다리 역할을 하고 있다.

이번 스데반 황 목사의 번역으로 로저 오클랜드의 『가톨릭 성체 비판』(가톨릭의 새 선교와 성체 숭배에 대한 비판)가 한국에 소개되는 것은 하나님의 크신 은혜라고 생각한다. 두 분의 노력이 반드시 수많은 사람의 영의 눈을 열게하는 열매를 맺을 줄로 믿는다. 독자 여러분은 이제 이 귀한 책, 『가톨릭 성체 비판』에서 그 경고를 듣고 있다. 여러분의 눈이 열려서, 가톨릭에서 나오고 또한 다른 사람들도 나오도록 돕기를 바란다.

역자 서문

　로저 오클랜드의 『가톨릭 성체 비판』은 이 시대의 기독교와 교회가 얼마나 가짜에게 속고 있는지를 잘 폭로하고 있다. 로저 오클랜드는 하나님으로부터 영적 분별의 은사를 받아 일반인들이 보지 못하는 영적인 어둠과 빛을 분명하게 보는 분이다. 그가 다루는 분야는 한 분야가 아니라 창조, 영적 체험, 종교 통합, 적극적 신념, 이머징 교회, 관상 등… 대단히 넓은 분야를 다루고 있다. 특히 주께서는 그에게 다시 한번 이 시대의 가톨릭의 간교함과 거짓을 노출시키는 데 사용하시려고 그에게 이 책을 쓰게 하셨다.

　한국교회는 지난 수십 년간 성장과 형통과 체험 중심으로 흐르다 보니 복음의 가장 큰 원수인 가톨릭에 대한 분별력과 경계가 거의 사라진 지 오래되었다. 역자는 이 책을 출판하기 위해 여러 출판사에게 문의하였다. 하지만 한결같이 출판사의 성격과 맞지 않는다는 답변과 함께 거절당했다. 그러나 하나님의 섭리 가운데 그 많은 기독교 출판사 중에 CLC(기독교문서선교회)가 흔쾌히 이 책을 출판하기로 하였다. 따라서 이제 이 책은 한국 땅에 들어가게 된 것이다.

　복음의 신앙은 성경이 말하는 복음의 핵심적인 언약의 내용을 믿음으로 주 예수 그리스도와의 인격적 교제로 들어가는 것이다. 그후 성경에 따라 성령을 따르며 그리스도의 성품이 우리에게 이루어진다. 그 성품은 죄를 이기며 오직 주 여호와 하나님만을 사랑하는 영적 순결로 나타난다. 따라서 주의 생명을 소유하게 된 자들은 주 예수 그리스도와 인격적인 교제를 나누면서 그분의 생각과 느낌과 마음을 알게 된다. 그리고 그분의 생각과 감정과 뜻은 성경에 의해 다시 한번 객관적으로 확인됨으로써 그 뜻과 감정이 주께로부터 왔는지 그렇지 않은지 잘 확인할 수 있다.

현재 한국의 많은 교회들이 주 예수 그리스도를 인격적으로 만나지 못하고 있다. 만일 한국교회들이 주 예수 그리스도를 실제로 만난다면 그렇게 무지하게 세상을 향하여 달려갈 리 만무하며 또한 그렇게 영적 분별력이 없을 수가 없기 때문이다. 그리스도의 보혈과 십자가의 권능은 죄의 문제를 다루기 위한 것임에도 불구하고 성령의 나타나심에 의한 거룩의 능력들이 교회 내에 상실된 지 오래되었다. 특히 다른 예수, 다른 복음, 다른 영 그리고 다른 형제들이 이 세상에 많이 나타나 진짜인 척 행세함으로써 마지막 적그리스도의 출현을 준비하고 있다.

역자로서 부족한 사람이 주 예수 그리스도를 사랑하는 모든 신자들에게 이 책을 강력하게 권한다. 이 책은 사탄의 간교함이 얼마나 무섭고 그 수하에 있는 교황을 비롯한 가톨릭 시스템이 얼마나 기가 막힌 속임수 가운데 있는지 잘 보여준다. 어쩌면 그들은 나름대로 진실할 수 있겠다. 하지만 그들과 가톨릭 시스템은 사단 마귀에서 속고 있음을 이 책이 폭로하고 있는 것이다. 이 책이 출판됨으로 인해 주의 교회마다 복음으로 돌아올 수 있기를 바란다. 이 책을 읽는 분들마다 많은 사람들이 가톨릭의 궤계에서 벗어나 복음으로 돌아올 수 있도록 기도하게 되기를 바란다. 이 책을 번역하면서 얼마나 가슴이 아프고 안타까왔는지 오직 주님만 아실 것이다.

2010. 11. 23.

스데반 황 識

감사의 글

팀으로 협력하지 않았다면 『가톨릭 성체 비판』(*Another Jesus?*)이 쓰일 수 없었을 것이다. 나는 짐 테트로우(Jim Tetlow)의 도움에 감사한다. 과거에 가톨릭 신자였던 그의 열정적인 도움과 귀한 지식이 아니었다면 이 책은 나올 수 없었을 것이다. 특별히 연구와 문서 작업을 도운 브래드 마이어즈(Brad Myers)에게도 감사한다. 또한 큰 도움이 되는 통찰력을 제공한 존 쉐퍼(Joha Shaffer)에게 감사드린다.

로저 오클랜드

contents

목 차

추천사 1(오인용 목사) · 5
추천사 2(정태윤 목사) · 6
역자 서문 · 8
감사의 글 · 10

서론 · 13
제1장 주님의 이름을 사용한 속임수 · 17
제2장 선교 비전 · 27
제3장 성체에 대한 이해 · 37
제4장 성체에 대한 성경적 관점 · 45
제5장 성광(聖光, Monstrance) - 그리스도 안치기? · 73
제6장 새 선교 · 79
제7장 성체 숭배 · 89
제8장 성체 기적들 · 101
제9장 성체적 회심 · 113
제10장 마리아와의 연관 · 131
제11장 그리스도의 성체적 통치 · 149
제12장 수난과 성체 · 165
제13장 성경적인 예수와 복음 · 181
결론 · 195
색인 · 197

Another Jesus?

서론

사도 바울은 진리에 대한 뜨거운 열정을 가진 사람이었다. 바울의 사역을 보면 그는 분명히 구원을 위한 예수 그리스도의 복음의 은혜를 선포하는 데 집중하고 있지만 또한 복음의 진리가 사탄의 간교한 궤계에 의해 타협될 것을 염려하는 모습도 볼 수 있다.

바울은 고린도교회의 성도들에게 그들을 죄로부터 구원하시기 위해 십자가에서 돌아가신 예수님과 그분의 죽음에 대한 진리를 가르치기 위해 모든 노력을 한다. 그 와중에 거짓 선생들과 거짓 교훈들이 교회에 침투한다. 이때 자명한 사실은 그들 중 몇몇이 거짓 교훈에 속아 넘어갔다는 점이다. 따라서 바울은 다음과 같이 그의 염려를 표현하였다.

> 뱀이 그 간계로 하와를 미혹한 것 같이 너희 마음이 그리스도를 향하는 진실함과 깨끗함에서 떠나 부패할까 두려워하노라. 만일 누가 가서 우리가 전파하지 아니한 다른 예수를 전파하거나 혹은 너희가 받지 아니한 다른 영을 받게 하거나 혹은 너희가 받지 아니한 다른 복음을 받게 할 때에는 너희가 잘 용납하는구나(고후 11:3-4).

이 책의 영어 원서 제목 *Another Jesus?*는 위의 성경 구절에서 가져온 것이다. 내가 믿기로는 하나님께서는 바울이 고린도교회에 전한 긴급한 그 메시지를 지금 이 시대에도 전하길 원하신다.

역사 가운데 사탄의 속임수는 바뀐 적이 없다. 사탄이 "다른 영"으로 영감된 "다른 복음"을 만들어 내어 사람들을 속이는 일은 새로운 것이 아니다. 사탄은 사람들로 하여금 다른 복음을 믿게 함으로써 실제로는 예수 그리스도를 믿지 않지만 믿는다는 착각을 하게 만든다. 현재 동향을 볼 때 이 시대는 전 세계를 속일 강력한 기만을 향해 나아가고 있는 것 같다.

이러한 이유 때문에 나는 두 가지 목적을 품고 이 책을 쓰게 되었다. 첫째, 성경의 예수님을 아는 모든 사람들을 깨워 그들의 믿음을 지키고 다른 사람들을 경고하게 하기 위함이다. 둘째, 자신들은 예수 그리스도를 안다고 착각하고 있지만 실제로는 속아서 "다른 예수"를 믿고 있는 모든 사람들에게 경고하기 위함이다. 예수께서는 복음을 믿는 대신에 기적을 중심으로 하는 체험적 기독교에 속는 자들에게 무서운 결과가 있을 것을 분명하게 하셨다.

예수님은 마태복음에 기록된 "산상수훈"에서 이 점을 분명히 하는 메시지를 전하셨다.

> 나더러 주여 주여 하는 자마다 다 천국에 들어갈 것이 아니요 다만 하늘에 계신 내 아버지의 뜻대로 행하는 자라야 들어가리라. 그날에 많은 사람이 나더러 이르되 주여 주여 우리가 주의 이름으로 선지자 노릇 하며 주의 이름으로 귀신을 쫓아내며 주의 이름으로 많은 권능을 행하지 아니하였나이까 하리니 그때에 내가 그들에게 밝히 말하되 내가 너희를 도무지 알지 못하니 불법을 행하는 자들아 내게서 떠나가라 하리라 (마 7:21-23).

위의 구절은 예수님의 이름을 고백하는 모든 사람들이 주께서 무엇을 뜻하시는지를 알기 위해 더욱 신경써서 깨달아야 할 부분이다. 당신이 예수님을 진실로 따른다고 생각했는데 실제로는 주님을 따르는 것이 아니었음을 알게 되었을 때를 상상해 보라. 예수의 이름으로 기적과 같은 사건들을 체험할지라도 이러한 체험들이 우리에게 하나님 나라에 들어갈 자격을 주는 것은 아니다. 기적 체험이 또한 주님과의 동행을 입증해 주는 것도 아니다.

오히려 기적 체험 때문에 지옥에 들어가 그곳에서 영원히 거할 수 있다.

당신이 이 책을 통해 알게 될 사실들은 지난 수년의 기간에 걸쳐 발생한 사건들이다. 각 사건들은 퍼즐 게임처럼 큰 그림의 부분들을 완성시켜 나가며 점점 전반적인 그림을 보여준다. 나는 성경이 주는 통찰력으로 현재 발생하고 있는 사건들까지 볼 때 큰 그림을 보게 되었다. 그 후 나는 이 책을 쓸 수밖에 없게 되었다. 나는 이 책이 담고 있는 메시지로 인해서 반대 세력을 만나게 될 것을 예상한다. 하지만 유다서를 통해 하나님의 말씀에 기초한 믿음을 위해 싸우는 것은 선택 사양이 아니라는 것을 기억하게 되었을 때 이 책을 쓰지 않을 수 없었다.

> 사랑하는 자들아 우리가 일반으로 받은 구원에 관하여 내가 너희에게 편지하려는 생각이 간절하던 차에 성도에게 단번에 주신 믿음의 도를 위하여 힘써 싸우라는 편지로 너희를 권하여야 할 필요를 느꼈노니 이는 가만히 들어온 사람 몇이 있음이라. 그들은 옛적부터 이 판결을 받기로 미리 기록된 자니 경건하지 아니하여 우리 하나님의 은혜를 도리어 방탕한 것으로 바꾸고 홀로 하나이신 주재 곧 우리 주 예수 그리스도를 부인하는 자니라(유 1:3-4).

이 책의 표지에서 설명한 바와 같이 내가 이 책을 쓰는 목적은 가톨릭교회의 가장 핵심적인 믿음인 화체설(transubstantiation)의 위험을 폭로하기 위함이다. '화체설'이란 사제가 성찬용의 빵을 축성할 때 그 제병(祭餅)이 실제 그리스도가 되며 또한 성체 안치기(安置器)에 보관되어야 한다는 가르침이다.

나는 많은 가톨릭 신도들이 이 책으로 인해 모독을 느낄 것을 안다. 하지만 기만을 당하고 있는 그들을 향한 나의 사랑과 긍휼 때문에 더욱 이 책을 쓸 수밖에 없었다. 사람이 영원한 시간을 어디서 보낼 것인가는 가장 심각한 문제이기 때문이다. 성경은 사탄은 기만의 선동자이며 창시자라고 가르친다. 사탄의 목표는 인류를 파멸시키는 것이며 가능한 많은 영혼들을 볼모로 잡아 자신과 함께 지옥에 들어가는 것이다. 우리는 예수 그리스도를 믿는 신자들로서 사랑의 자세를 가지고 영적 기만에 빠진 자들에게 경고해야 할 것이다.

성경은 말세의 특징은 많은 사람들을 속여 참된 복음을 향해 눈이 멀게 하는 강력한 영적 기만이 일어날 것이라고 가르치고 있다. 또한 이러한 영적 기만은 믿는 자들을 배도로 이끌 것이라고 알려주고 있다. 사탄의 기만은 방대한 여러 분야에서 발생하고 있지만, 이 책은 예수께서 경고하신 대로 거짓 예수의 나타남이라는 한 가지 주제에 대해 특별한 초점을 맞추고 있다.

> 그때에 사람이 너희에게 말하되 보라 그리스도가 여기 있다 혹은 저기 있다 하여도 믿지 말라. 거짓 그리스도들과 거짓 선지자들이 일어나 큰 표적과 기사를 보여 할 수만 있으면 택하신 자들도 미혹하리라. 보라 내가 너희에게 미리 말하였노라(마 24:23-25).

나는 이 책을 읽는 모든 독자들이 마음을 열고 읽기를 부탁한다. 먼저, 하나님께서 주의 말씀을 통해 무엇을 계시하시는지 조심스럽게 그리고 정직하게 고려해 볼 것을 부탁한다. 둘째, 제시되는 사건들을 고려할 때 현재의 동향을 살펴볼 것을 부탁한다. 이 책을 통해 하나님의 말씀의 빛이 주의 진리를 환하게 드러내기를 기도한다.

제 1 장
주님의 이름을 사용한 속임수

만일 우리의 복음이 가리었으면 망하는 자들에게 가리어진 것이라. 그 중에 이 세상의 신이 믿지 아니하는 자들의 마음을 혼미하게 하여 그리스도의 영광의 복음의 광채가 비치지 못하게 함이니 그리스도는 하나님의 형상이니라(고후 4:3-4).

1. 보이지 않는 전쟁

당신은 매주 매일 24시간 내내 우리 주변에는 영적 전쟁이 진행되고 있다는 사실을 의식하는가? 이 전쟁은 물리적인 무기를 사용하는 전쟁이 아니라 영적인 영역에서 발생하는 전쟁을 의미한다.

총알과 수류탄 그리고 폭탄이 사람들에게 죽음과 파멸을 가져올 수 있듯이 영적인 적군들이 우리를 향해 던지는 미사일은 동일하게 파괴적이다. 오직 전쟁터가 인간의 마음이라는 점에서 다를 뿐이다. 우리가 마음에 받는 정보는 영적으로 치명적인 결과를 낼 수 있다. 사도 바울은 이 점을 분명하게 한다. 바울이 에베소교회에 보내는 서신을 보면 보이지 않는 영적 영역에서 인간을 공격하는 세력에 대해 경고하고 있다.

마귀의 간계를 능히 대적하기 위하여 하나님의 전신갑주를 입으라. 우리의
씨름은 혈과 육을 상대하는 것이 아니요 통치자들과 권세들과 이 어둠의 세상
주관자들과 하늘에 있는 악의 영들을 상대함이라(엡 6:11-12).

원수의 정체를 밝힌 바울은 원수가 어떻게 활동하는지 그리고 그들을 대항하여 우리가 어떻게 대처해야 하는지를 알려준다. 이를 위해 바울은 우리에게 필요한 영적 전략을 요약하여 제공하고 있다.

그러므로 하나님의 전신갑주를 취하라 이는 악한 날에 너희가 능히 대적하고
모든 일을 행한 후에 서기 위함이라. 그런즉 서서 진리로 너희 허리띠를 띠고 의의
호심경을 붙이고 평안의 복음이 준비한 것으로 신을 신고 모든 것 위에 믿음의
방패를 가지고 이로써 능히 악한 자의 모든 불화살을 소멸하고(엡 6:13-16).

바울이 말하고 있는 "진리"와 "믿음의 방패"는 하나님의 말씀을 말한다. 예수께서는 "아버지의 말씀은 진리니이다"(요 17:17)라고 선포하심으로써 이 사실을 분명히 하였다.
만일 우리가 사탄의 "불화살"로부터 우리 자신을 보호하려면 우리는 성경에 기록된 하나님의 말씀 전부를 자세히 알아야 한다.

2. 더욱 확실한 말씀

성경은 우리가 미래의 사건이 발생하기 전에 미래에 있을 일을 분명히 알 수 있다고 말한다. 물론 성경이 미래에 있을 사건을 예언할 때 그러하다. 베드로는 다음과 같이 언급한다.

또 우리에게는 더 확실한 예언이 있어 어두운 데를 비추는 등불과 같으니 날이

새어 샛별이 너희 마음에 떠오르기까지 너희가 이것을 주의하는 것이 옳으니라. 먼저 알 것은 성경의 모든 예언은 사사로이 풀 것이 아니니 예언은 언제든지 사람의 뜻으로 낸 것이 아니요 오직 성령의 감동하심을 받은 사람들이 하나님께 받아 말한 것임이라(벧후 1:19-21).

미래에 관련한 성경의 진술은 하나님의 감동으로 된 것이기에 정확하다. 하나님은 우리가 미래에 발생할 어떤 사건들과 상황들을 미리 알기를 원하신다. 사도 베드로는 하나님께서 미래에 대해 계시한 내용에 대해 우리가 매우 신중한 관심을 가져야 한다고 말한다. 이러한 예고는 어두운 곳에서 비치는 빛과 같이 우리에게 미래를 이해하게 하고 준비할 수 있도록 돕는다.

3. 가짜 그리스도들

성경 중에서 마태복음 24장은 말세의 사건에 대해 가장 유명하며 가장 많이 연구되는 부분이다. 마태복음 24장 안에는 제자들이 던진 "우리에게 이르소서 어느 때에 이런 일이 있겠사오며 또 주의 임하심과 세상 끝에는 무슨 징조가 있사오리이까"(마 24:3)라는 질문에 대답하신 예수님의 여러 언급들을 기록하고 있다.

이 질문에 대한 예수님의 대답은 미래에 발생할 여러 사건들에 대해 빛을 던져주고 있는데, 특히 주님께서는 말세의 여러 징표들을 나열하시는 중에 한 가지 징표를 가장 중요하게 말씀하시는 것처럼 보인다. 주님께서는 말세를 알리는 표징으로서 지진, 기근, 전쟁, 염병, 불법 등을 말씀하신다. 그 중에 예수님은 영적 미혹을 우리가 가장 주목하고 지켜보아야 할 주요 징표로 강조하신다. 제자들의 질문에 대한 예수님의 대답을 살펴보자.

예수께서 대답하여 이르시되 너희가 사람의 미혹을 받지 않도록 주의하라.

많은 사람이 내 이름으로 와서 이르되 나는 그리스도라 하여 많은 사람을 미혹하리라(마 24:4-5).

예수께서는 이 말씀을 하시면서 우리의 인식과 함께 긴박함을 요구하셨다. "주의하라"(Take heed)라는 의미는 "의식하라" 또는 "경성하라"는 뜻이다. 그리스도의 이름으로 미혹이 있을 것이며 '많은 사람들'이 '많은 사람들'에 의해 미혹될 것이다. 이 한 구절만으로도 말세의 영적 미혹에 대한 충분한 경고가 된다. 그럼에도 예수님은 "거짓 선지자가 많이 일어나 많은 사람을 미혹하겠으며"(마 24:11)라고 더하여 말씀하셨다.

예수께서는 주께서 재림하시기 전에 발생할 여러 사건들을 계속 언급하시던 중에 다시 그의 이름으로 발생하게 될 미혹에 대해 말씀하신다. 주님은 이번에는 미혹이 어떤 형태로 발생할 것인지를 더욱 구체적으로 말씀하신다. 주님께서는 자칭 "그리스도"라고 주장하는 거짓 그리스도들이 나타날 것이며 그들은 "큰 표적과 기사"를 동반할 것이라고 예고하신다.

그때에 사람이 너희에게 말하되 보라 그리스도가 여기 있다 혹은 저기 있다 하여도 믿지 말라. 거짓 그리스도들과 거짓 선지자들이 일어나 큰 표적과 기사를 보여 할 수만 있으면 택하신 자들도 미혹하리라(마 24:23-24).

더욱이 주께서는 거짓 그리스도들의 나타남의 특징이 무엇인지 선명하게 알려주신다.

그러면 사람들이 너희에게 말하되 보라 그리스도가 광야에 있다 하여도 나가지 말고 보라 골방에 있다 하여도 믿지 말라. 번개가 동편에서 나서 서편까지 번쩍임 같이 인자의 임함도 그러하리라(마 24:26-27).

예수께서는 마태복음 24장의 예고들이 우리가 잊거나 과소평가해서는 안

되는 매우 중요한 내용임을 분명하게 하시기 위해 "보라 내가 너희에게 미리 말하였노라"(마 24:25)라고 말씀하셨다. 제자들은 그리스도의 재림 전에 어떤 징조들이 있을지를 물었다. 예수께서는 그 질문에 대해 답변을 하심으로써 오늘날 이 구절을 읽는 우리들에게도 말세에 어떤 징조들이 있을지를 미리 알게 하셨다. 따라서 우리는 그러한 경고들이 우리 시대에 발생하는지를 보아야 한다. 이 세대를 성경의 예언에 의해 살펴볼 때 우리는 예수님의 재림 직전에 있을 그 기간에 살고 있음을 알 수 있다.

4. 다른 예수?

이 책의 원서 제목 *Another Jesus?*는 많은 생각과 고민을 통해 주어졌다. 이 제목은 그리스도인이라고 고백하는 모든 사람들에게 참된 예수님이 누구신지 정확히 알 수 있도록 성경을 자세히 연구할 것을 격려한다. 또한 "가톨릭의 (성체) 그리스도와 성경의 예수님 사이에 어떤 차이가 있는가"를 질문하도록 한다. 나는 당신이 이 책을 마칠 때 위의 질문에 대한 해답을 발견하게 되기를 기도한다.

성경은 우리의 영원한 운명은 참된 예수님을 영접하는지 그렇지 않은지에 달려 있다고 가르친다. 참된 예수님을 아는 것은 성경의 예수님을 아는 것이며 따라서 우리는 성경을 통해 주님이 누구신지 분명하게 알아야 한다. 이와 관련해서 예수께서는 요한복음 8장에서 다음과 같이 말씀하셨다.

> 그러므로 내가 너희에게 말하기를 너희가 너희 죄 가운데서 죽으리라 하였노라 너희가 만일 내가 그인 줄 믿지 아니하면 너희 죄 가운데서 죽으리라(요 8:24).

우리가 성경적인 예수님을 알고 있는지 확인할 수 있는 유일한 방법은 하나님의 말씀을 아는 것이다. 이에 대해 예수께서는 다음과 같이 말씀하셨다.

> 사람이 내 안에 거하지 아니하면 가지처럼 밖에 버려져 마르나니 사람들이 그것을 모아다가 불에 던져 사르느니라. 너희가 내 안에 거하고 내 말이 너희 안에 거하면 무엇이든지 원하는 대로 구하라 그리하면 이루리라(요 15:6-7).

이러한 분명한 경고에도 불구하고 성경은 우리에게 많은 사람들이 미혹을 받아 "다른 예수"를 믿게 될 것이라고 알려준다. 예수께서는 미혹을 받은 사람들은 자신들이 사탄에게 속고 있다고 생각하기보다 오히려 성경적인 예수님을 알고 있다고 확신하게 될 것이라고 말씀하신다. 예수께서 친히 하신 말씀을 들어보자.

> 나더러 주여 주여 하는 자마다 다 천국에 들어갈 것이 아니요 다만 하늘에 계신 내 아버지의 뜻대로 행하는 자라야 들어가리라. 그날에 많은 사람이 나더러 이르되 주여 주여 우리가 주의 이름으로 선지자 노릇하며 주의 이름으로 귀신을 쫓아내며 주의 이름으로 많은 권능을 행하지 아니하였나이까 하리니 그때에 내가 그들에게 밝히 말하되 내가 너희를 도무지 알지 못하니 불법을 행하는 자들아 내게서 떠나가라 하리라(마 7:21-23).

예수께서 그들을 도무지 알지 못하셨다는 사실은 그들 또한 예수님을 전혀 알지 못했음을 의미한다. 따라서 진실하게 예수님을 믿는다고 해도 만일 그들이 가짜 예수를 믿고 있다면 그들은 미혹을 받은 것이며 따라서 영원한 지옥에 들어가게 된다.

5. 다른 예수는 누구인가?

내가 말하려는 "다른 예수"는 도대체 누구를 말하려는 것일까? 이 책의 제목을 읽는 사람 중에는 다음과 같은 평을 하고 싶은 사람들이 있을 줄을 안다. "이 책은 가톨릭의 예수가 성경의 예수 그리스도가 아니라고 주장하려는 것이다. 이 얼마나 어리석고 신성모독적인가? 사실 가톨릭 신자들은 정통적이고 성경적이고 역사적인 예수님을 믿는다. 그들은 동정녀를 통해 베들레헴에서 나시고 하나님의 아들이시고, 십자가에 죽으시고 죽음에서 부활하신 예수님을 믿는다. 그런데 어떻게 감히 가톨릭 신도들이 믿는 예수는 죄로부터 우리를 구원하실 수 있는 참된 예수님이 아니라고 주장할 수 있다는 말인가?

그러나 이 책에 기록된 대로 그들이 믿는 예수님과 성경이 말하는 예수님 사이에는 매우 심각한 차이가 있다. 사도 바울은 "다른 예수"에 대해 경고하였다(고후 11:4). 당신은 바울이 경고한 다른 예수가 진짜 예수와 비슷할 것이라고 생각하는가 아니면 전혀 다를 것이라고 생각하는가? 만일 사탄이 성경의 예수님을 모방하길 원한다면 그가 만들어내는 거짓 예수는 성경의 예수와 상당히 유사하지만 실제로는 비성경적인 특징들을 혼합시킬 것이다.

왜 바울이 갈라디아 교회와 고린도교회 교회에 이러한 위험에 대해 경고하였을지 고려해 보라. 그들은 성경적인 예수님을 품어 왔지만 결국 왜곡된 예수를 품었다. 그들은 처음에 성경적 예수님을 영접했지만, 나중에는 구원을 위해서는 추가적인 행위들이 따로 필요하다는 여러 요구 사항들을 덧붙였다. 따라서 그들은 예수님만을 의지하는 대신에 결국 예수님과 자신들의 행위를 의지하게 되었다.

바울은 진리를 말하는 데 조금도 주저하지 않았다. 그의 꾸지람은 엄격하였다.

> 어리석도다 갈라디아 사람들아 예수 그리스도께서 십자가에 못 박히신 것이 너희 눈 앞에 밝히 보이거늘 누가 너희를 꾀더냐(갈 3:1).

우리는 예수님의 이름을 사용하는 사기꾼들을 알아내기 위해 성경적인 병기들로 무장해야 한다. 바울은 우리가 가짜들을 알아낼 수 있는 유일한 해답을 준다. "만일 누가 가서 우리가 전파하지 아니한 다른 예수를 전파하거든"(고후 11:4). 다른 예수를 전파하는 자는 가짜이며 그가 전하는 예수는 가짜 예수다. 즉, 성경에 일치하지 않는 예수는 성경의 예수가 아닌 것이다.

6. 가톨릭교회는 신도들에게 성체 성사를 받아들일 것을 요구한다.

많은 가톨릭 신도들이 가톨릭 교리인 화체설을 받아들이지 않는 것은 사실이다. 많은 가톨릭 신도들이 성체에 예수 그리스도께서 문자 그대로 신체적으로 계신다는 사실을 부인하고 있다. 그러나 화체설에 대한 교회의 입장은 분명하다. 누구든지 성체 성사에 대한 교회의 가르침을 어떤 면에서라도 부인한다면 그는 "파문"(Anathema)에 해당한다. 다음 인용은 『트렌트 공의회의 교회법과 교령집』 및 『가톨릭교회 교리문답』에서 취한 것이다.

> 만일 누구든지 가장 거룩한 성체 안에 우리 주 예수 그리스도의 영혼과 신성과 함께 참으로, 실제로, 본질적으로 몸과 피가 담겨 있다는 사실을 부인한다면, 즉, 결과적으로 성체에 완전한 그리스도가 담겨 있다는 사실을 부인하며 단지 주님은 성체 안에 상징, 모습 또는 힘으로만 있다고 말한다면, 그는 저주(파문)을 받을지어다.[1]
>
> 만일 누구든지 성체 성사에서 받는 그리스도를 실제로 그리고 성사적으로(sacramentally) 받지 아니하고 영적으로만 받는다면 그는 저주를 받을지어다.[2]

---

[1] H. J. Schroeder, O. P., *The Canons and Decrees of the Council of Trent* (Rockford, IL: Tan Books and Publishers, Inc., 1978), p. 79.
[2] Ibid., p. 80. Canon 8.

7. 말세의 그리스도

나는 말세의 영적 미혹이란 주제에 대해 여러 다른 책들을 썼다. 하지만 이 책에서 나는 예수께서 경고하신 것처럼 거짓 그리스도들의 거짓 등장에 대해 매우 구체적인 관심을 쏟았다. 더욱 구체적으로 이 책은 전 세계의 모든 가톨릭교회의 제단 위에서 나타난다고 하는 '그리스도'와 관련한 현재의 기록된 사건들을 근거로 하여 개요를 잡았다.

나는 화체설이라고 불리는 초자연적인 변화를 통해 나타나는 성체 예수에 대해 언급하고자 한다. 화체설에 의하면 가톨릭 사제가 성찬용의 빵을 축성하여 실제 그리스도로 변화시킬 수 있는 권한이 있다고 한다. 성체 그리스도는 성궤(tabernacle) 또는 성체 안치기(monstrance)라는 곳에 담겨 사람들의 숭배를 받을 수 있도록 전시된다.

예수께서 주의하라고 경고하신 마지막 미혹은 사람들에게 매우 효과적이고 설득력이 있을 것이 자명하다. 많은 사람들이 거짓 출현(appearances)의 현상에 미혹될 것이며 그 현상과 연관되어 나타나는 거짓 기적들에 속게 될 것이다. 내가 이 책을 통해 알리는 것처럼, 성체 예수 숭배는 대중적인 인기를 끌 것이며, 결국 수백 수천만의 사람들이 다른 예수를 숭배하게 되면서 그들의 영원한 운명이 위태롭게 될 것이다.

Another Jesus?

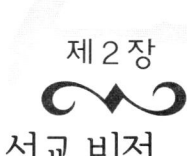

제 2 장
선교 비전

1. 가톨릭교회의 선교 목표

　이 책을 쓰기 시작한 때는 1990년대 말이었다. 그 당시 나는 여러 자료들을 대하고 있었는데 그때 "성체"(Eucharist)[1]라는 단어가 내 관심을 끌었다. 이 용어에 친근하지 않던 나는 성체에 대해 좀 더 연구해 보기로 결심했다. 얼마 후 나는 가톨릭교회의 성체교리는 화체설의 사상에 바탕을 두고 있다는 사실을 발견하였다. 화체설은 가톨릭 사제가 성찬용 빵을 예수님의 실제 몸과 피와 영혼과 신성으로 바꾸어낼 수 있는 능력이 있다는 믿음이다. 더욱이 나는 이 기본적인 믿음이 가톨릭 믿음의 가장 밑바탕에 있다는 사실을 발견하게 되었다.

　그런데 성체의 또 다른 면이 부상되었다. 나는 성체 체험이라고 불리는 경험을 한 많은 사람들의 간증들을 접하게 되었다. 그들의 삶을 완전히 변화시켰다고 하는 이 체험은 그들을 가톨릭교회로 개종시킬 만큼 그 영향력이 컸다.

　따라서 교황 요한 바울 2세가 성체의 중요성에 대해 언급한 내용을 바티칸이 보도 자료로 내놓았을 때 나는 깊은 관심을 가질 수밖에 없었다. 교황

---

[1] 성체는 성체 성사 또는 영성체라고 불리기도 한다.

은 성체가 가톨릭교회의 선교 비전의 중심이 될 것을 요구하였다.

요한 바울 2세는 2000년 6월에 열린 제47차 국제성체대회에서의 설교를 통해 성체는 가톨릭교회의 선교 사역의 원천이며 중심이라고 말하였다. 그는 다음과 같이 설명하였다.

> 이 대회는 성육신의 위대한 희년의 중심에 성체를 두며 성체의 모든 영적, 교회적 그리고 선교적인 깊이를 표명한다. 사실, 교회와 모든 신자들은 모든 사람 앞에서 복음을 선포하고 증거하기 위해 성체로부터 꼭 필요한 힘을 얻어내야 한다. 주의 유월절 성찬인 성체 성사를 거행하는 것은 그 자체가 선교 사건이며 이 세상에 새 생명의 번식을 위해 씨앗을 심는 것이다.[2]

교황은 자신이 묘사하는 성체 성사의 선교적인 면이 무엇인지 더 자세히 설명하기 위해 다음과 같이 언급하였다.

> 성체 성사는 '선교적' 성사인데, 그 이유는 성체 성사로부터 선교의 은혜가 흐를 뿐만 아니라 성체 성사 그 자체 안에 모든 사람을 위한 구원의 영원한 원천과 원칙이 담겨 있기 때문이다.[3]

성체 성사를 중심으로 하고 있는 교황의 선교 비전을 들으면서 나는 심각한 염려를 하게 되었다. 가톨릭교회의 수장이 가톨릭 신도들에게 성체 성사의 중요성에 그들의 관심을 집중함으로써 선교에 힘쓰라고 요구하고 있었다. 다음 언급은 선교를 위한 성체 성사의 중요성을 더욱 드러낸다.

> 성체 성사의 의미와 선교적 내용에 대한 숙고는 그리스도의 사랑과 믿음을 증거하기 위해 순교한 증인들과 훌륭한 '선교사들'에 대한 언급을 피할 수 없게

---

2) L'Osservatore Romano, "Holy Father's Homily for Corpus Christi: The Living Father Comes Down from Heaven - Eucharist Spurs Christians to mission" (June 28, 2000).
3) Ibid.

한다. 고대로부터 보관되어 내려오는 순교자들의 유물들은 … 그리스도의 희생으로부터 흘러내려오는 능력의 분명한 표징이다. 이 영적인 에너지는 주님의 몸으로부터 자양분을 받는 모든 사람들을 격려하여 그들의 삶을 주를 위해 또한 그들의 형제 자매들을 위해 아무런 주저함이 없이 바치게 만들며 필요하다면 기꺼이 자신들의 피를 흘려서라도 희생하게 만든다.[4]

마지막으로, 교황은 가톨릭 교인들에게 성체적 선교를 장려하기 위해 다음과 같이 도전하였다.

국제성체대회가 우리를 위해 희생 제사로 드려진 그리스도의 어머니 마리아의 중보 사역을 통해 신자들이 성체 성사에 참여할 때 더욱 선교적 책임을 의식할 수 있도록 돕게 되기를 바란다. 신자들은 언제나 세상의 구원을 위해 자신을 헌신하는 데 있어서 주님의 "주신 몸"과 "부어진 피"를 최고의 기준으로 삼아야 한다.[5]

교황에 의해 언급된 이 내용을 읽으면서 나는 가톨릭의 선교 프로그램이 매우 심각한 영적 결과를 가져올 것을 확신할 수 있었다.

2. 콜럼버스 기사회(The Knights of Columbus)

2002년 2월, 「오렌지 카운티 레지스터」에 실린 광고는 나의 관심을 성체 성사로 이끌었다. 그 광고는 콜럼버스 기사회에 의해 실린 것인데 교황 요한 바울의 성체 선교의 비전이 진행되고 있음을 확인해주는 듯했다.
전면 광고의 맨 윗부분에는 교황이 미사 중에 수녀에게 제병을 건네주는 사진이 있었다. 그 아래는 다음과 같은 글이 실려 있었다.

---

4) Ibid.
5) Ibid.

하나님은 우리를 그분의 아들 예수 그리스도와 연합하게 하심으로써 그분의 생명을 우리와 함께 나누시길 원하신다. 하나님은 우리와 정신적으로 또는 영적으로만 나누시기를 원하시는 것이 아니라 전부 완전히 나누시기를 원하신다. 이러한 이유 때문에 예수님은 거룩한 성체, 즉 주님 자신의 몸과 피를 우리가 먹을 수 있도록 허락하셨다. 영성체는 모든 신자의 마음과 생각, 몸과 영혼을 위한 음식이다. 그 음식은 예수 자신이시다. 그리스도의 몸과 피다. 영성체는 상징이 아니라 실제 예수님의 몸과 피다.[6]

이 글 아래에는 성체 성사에 대해 더 알고 싶은 사람들에게 상세한 정보를 제공하겠다는 콜럼버스 기사회의 제안이 있었다.

영성체에 대해 더 알기 원하시는 분들께는 소책자를 보내드리겠습니다. 그 소책자에는 가톨릭 신도들이 무엇을 믿으며 왜 믿는지 설명하고 있습니다. … 영성체에 대한 진리를 찾아내시고 또한 성자들의 비밀을 발견하십시오.[7]

가톨릭 믿음 및 특히 성체 성사에 대해 더 알고 싶어서 광고의 한 부분에 붙어 있는 쿠폰을 가위로 오려내어 콜럼버스 기사회의 주소로 보냈다. 몇 주 후 나는 『성체 성사에 대한 질문과 답변』이라는 소책자를 우편으로 받았다. 그 책자는 "제3천 년 기에 믿음을 선포함"[8]이라는 부제를 갖고 있었다. 나는 그 책자를 읽으면서 성체 성사가 무엇이며 그리고 가톨릭교회에서의 성체 성사의 중요성이 무엇인지 더욱 분명히 알게 되었다. 나는 "왜 성체 성사가 교회에 그토록 중요한가"라는 소제목의 글에서 다음과 같은 내용을 읽었다.

---

6) *Parade Magazine*, insert placed in Orange County Registers, February 17, 2002, p. 7.
7) Ibid.
8) "Questions and Answers on the Eucharist: Proclaiming the Faith in the Third Millennium" (Pennsylvania Cathoic Conference, 2000, Harisburg, PA, General Editor Father John A. Farren, O.P., Director of the Catholic Information Service Knights of Columbus Supreme Council).

성체 성사는 교회 생명의 심장이다. 믿음의 신비를 거행할 때 그리스도는 친히 주의 백성들에게 나타나신다. 상징에 있어서도 풍요하지만 실체에 있어서 더 풍요한 성체 성사는 그 자체 내에 그리스도의 모든 실체를 다 담고 있으며 주의 구원 사역을 우리에게 중재한다. 요약하면, 교회가 하나님을 예배하기 위해 모여서 성체 희생을 드릴 때 그리스도께서는 빵과 포도주로 보이는 현상하에서 실제로 참으로 계실 뿐만 아니라 주님은 구원을 위해 구원 사역을 계속하신다.[9]

다른 내용들도 내 주목을 끌었다. "성체 성사에 그리스도께서 실제로 계신다는 의미는 무엇인가"라는 제목의 과에서 다음과 같은 내용이 있었다.

예수께서 성체 성사에 어떤 방법으로 그 안에 계시는지 물리적인 용어로는 설명할 수 없다. 그 이유는 성체 성사는 일반 공간과 측량을 초월하기 때문이다. 미사에 완전하게 존재하는 인격체가 하나님 아버지의 오른편에 앉아 계신 부활하신 구세주라는 사실은 초자연적인 신비다. 그리스도께서 성례에 임하실 때 그분의 조건이 바뀌지는 않는다. 주님께서는 이 땅에 계시기 위해 하늘을 떠날 필요가 없으신 것이다.[10]

그러나 성체 성사에 대한 이해와 가톨릭 믿음에 있어서의 성체 성사의 중요성에 대한 나의 이해는 아직 불완전했다. 그러다가 참으로 중요한 어떤 부분을 읽게 되면서 갑자기 눈이 열리고 이 책을 쓸 수 있는 중요한 통찰력을 얻게 되었다. 그 책자 내에는 "왜 성체는 성궤에 보관되어야 하는가"라고 불리는 한 과가 있었다. 그 내용은 다음과 같다.

성체 성사 예식을 거행한 후에도 주님의 실제적 현존은 계속 된다. 바로 이러한 이유 때문에 교회 안에는 감실이 있다. 사람들에게 다 나누어진 후에 아직 남아 있는 영성체(Hosts)는 성궤에 보관되었다가 임종을 맞이하면서 교회를

---
9) Ibid., p. 4.
10) Ibid., p. 11.

의지하는 사람들에게 비아티쿰(viaticum)이 되거나 또는 그리스도를 예배하기 위한 중심 장소가 된다. 기도를 하는 사람에게는 바라보아야 할 초점이 된다. 이는 영성체가 있는 그곳이 바로 그리스도께서 실제로 계시는 장소이기 때문이다.[11]

나는 처음으로 가톨릭교회가 가르치는 "그리스도가 실제로 계심"이라는 뜻이 모든 가톨릭교회 내에 있는 성궤 내에 그리스도가 실제로 담겨있고 머무신다는 의미임을 알게 되었다. 감실(龕室, tabernacle chamber)은 성체를 담고 있으며 모든 가톨릭교회의 제단 위에 놓인다. 『웹스터 사전』에 의하면 성체 성궤(the Eucharistic Tabernacle)는 "영성체를 보관하기 위해 사용되는 장식용 상자. 성체 성사에서 성변화(聖變化)된 성분을 담기 위한 용기"라고 되어 있다. 전 세계적으로 가톨릭 신자들은 이러한 성궤 안에 저장된 '그리스도'를 방문하도록 권면을 받으며 그 앞에서 기도하고 예배하고 받들도록 권장을 받는다. 다음으로 언급된 내용은 이 점을 더욱 분명하게 하고 있다.

성체 내에 예수께서 실제로 계신다는 믿음은 신자들로 하여금 성체 내에서 영속적으로 우리와 함께 거하시는 그리스도를 예배하게 만든다. 성체가 있는 곳이면 우리 주이시며 하나님이신 그리스도가 그곳에 계시다. 따라서 그분은 이러한 신비함 가운데 숭배를 받으심이 마땅하다. 숭배는 여러 가지로 표현될 수 있다. 성체를 받드는 마음으로 그 앞에서 무릎을 꿇던지, 아니면 믿음이 이끄는 대로 여러 형태의 자세로 성체적 헌신을 표시할 수 있다.[12]

3. 성체 선교

콜럼버스 기사회 소책자는 위의 언급 말고도 다른 내용을 담고 있었는데

---

11) Ibid.
12) Ibid, p. 12.

그 내용은 2000년 6월에 교황이 성체 대회에서 요청하였던 그대로 "성체 선교"를 강조하는 점이었다. 그 책자의 결론 부분에서는 가톨릭 신도들은 교회가 무엇을 가르치는지 더 자세히 이해함으로써 더 나은 가톨릭 신도들이 되어야 한다고 호소하고 있었다. "성체 성사를 받도록 자신을 준비하는 것이 왜 중요한가"라는 장에서 그 책자는 다음과 같이 언급하고 있다.

> 최근 여론 조사에 의하면 상당히 많은 가톨릭 신자들이 성체 성사를 온전히 이해하지 못하는 것으로 드러났다. 특히 복된 성체에 그리스도가 실제로 계신다는 사실을 이해하지 못하는 것으로 나타났다. 이 믿음에 대한 오해가 어떻게 생겼는지 그리고 그 이유가 어떠하든지 간에 주의 식탁에 나아가는 모든 사람은 그 행위의 의미와 함께 주의 식탁에 나갈 영적 준비의 중요성을 인식할 필요가 있다.[13]

이 내용에 따라오는 다음 문장은 복된 성체 성사가 가톨릭 믿음의 중심과 심장이 될 만큼 중요하다는 사실을 드러내고 있었다. 가톨릭 전통에 의하면 그리스도인이 된다는 것은 화체설을 충분히 그리고 완전히 받아들여야 한다. 그 문장은 다음과 같다.

> 종종 결혼식이나 장례식, 또는 여러 다른 종교 예식 때에 우리와 같은 믿음을 갖지 않은 사람들이 있을 때, 우리 중에는 불편한 분위기를 피하기 위해서 가톨릭 신자가 아닌 비신자들에게도 성체를 받으라고 권유하고 싶은 유혹을 느끼는 자들이 있다. 그러나 교회와 온전한 교제 가운데 있지 않은 사람들은 교회의 모든 성사에 참여하는 온전한 회원들과는 달리 주의 식탁에 참여하는 것이 허용되지 않는다. 영성체를 받는 것은 영성체의 주님을 받는 그 사람이 가톨릭교회와 온전히 연합되어 있다는 사실을 공적으로 드러내는 것이다.[14]

---

13) Ibid., p. 13.
14) Ibid., pp. 13-14.

34 · 가톨릭 성체 비판

마지막으로, 혹시 가톨릭 믿음 체제의 가장 중심부에 성체가 있다는 것과 선교의 중심부에 성체의 중요성이 놓여 있다는 점에 아직 의심이 있다면 다음 내용을 고려하라.

> 가톨릭 신도들에게 있어서 성체 성사는 공동체의 예배와 삶, 믿음 안에서의 하나 됨을 상징하는 공동체적 행동이다. 우리와 온전히 연합되지 않은 그리스도인들이 혹시 성체를 받더라도 참된 하나됨이 될 수는 없다. 그러므로 이를 위해 우리는 기도해야 한다.[15]

4. 복음주의와 가톨릭이 함께 하다.

1990년 말에 복음주의 개신교 신자들과 가톨릭 신자들은 서로의 차이점을 무시하고 함께 손을 잡는 데 큰 진보를 이루게 된다(척 콜슨의 『복음주의자들과 가톨릭 신자들이 함께 하다』).[16] 그러나 나는 그때 가톨릭이 아닌 사람들을 가톨릭 교인이 되도록 유인하려는 가톨릭교회의 숨은 책략을 드러내는 강력한 증거를 발견하였다.

나는 가톨릭 선교의 핵심적 의미가 무엇인지 2000년 6월에 있었던 성체 대회에서의 교황의 선언과 성체 성사를 장려하는 콜럼버스 기사회의 책자를 대하게 되면서 가톨릭 사제인 톰 포리스트(Tom Forest)가 1990년에 발언한 언급을 기억할 수 있었다. 그 기억은 나의 책 『새 포도주와 바벨론 포도나무』의 출판을 위해 연구하던 중 신부 포리스트가 가톨릭 내부 그룹에게 발표했던 말을 그 책에 인용하였기 때문에 내 머리에 있었다.

> 우리의 할 일은 그들을 가톨릭교회로 데려옴으로써 그들을 더 풍요하고 충만한

---

15) Ibid., p. 14.
16) *Evangelicals & Catholics Together*, co-authored by Charles Colson and signed by many evangelical leaders. (Can be viewed at: http://www.leaderu.com/ect/ectmenu.html).

그리스도인으로 만드는 것입니다. 따라서 개종자가 가톨릭교회에 와서 한 지체가 될 때까지는 선교는 아직 부분적으로만 성취된 것이지 결코 완전하게 성공한 것은 아닙니다.

아닙니다. 당신은 단지 누군가를 그리스도인이 되도록 초청해서는 안 됩니다. 그들이 가톨릭 신자가 되도록 초청해야 합니다. … 왜 이것이 그렇게 중요합니까? 무엇보다 먼저, 성사에는 일곱 가지가 있는데 가톨릭교회는 그 일곱 성사를 다 가지고 있습니다. 우리는 제단 위에 그리스도의 몸을 가지고 있습니다. 우리는 그리스도의 피를 마십니다. 예수님은 우리의 제단 위에 살아계십니다. … 우리는 성체 안에서 그리스도와 하나가 됩니다. …
우리 가톨릭 교인들에게는 마리아가 있습니다. 마리아는 우리의 어머니시며, 낙원의 여왕이시고 우리를 영광 중에 볼 때까지 우리를 위해 기도하십니다. 가톨릭 교인들에게는 교황이 있습니다. 베드로부터 요한 바울 2세까지 역사 가운데 이어지는 교황들이 있습니다. … 우리에게는 그리스도께서 그의 교회를 세우신 반석이 있습니다. 이제 가톨릭 교인으로서 제가 대단히 좋아하는 것인데, 우리에게는 연옥이 있습니다. 하나님께 감사합니다. 연옥이 없다면 천국의 꿈이란 있을 수 없었을 것입니다. 연옥은 천국으로 이어지는 유일한 길입니다. …

가톨릭 교인으로서 우리의 할 일은 남은 기간을 사용하여 가능한 모든 사람을 전도하는 것입니다. 그들을 그리스도의 몸인 가톨릭교회와 가톨릭 역사의 제3천 년기로 이끌어야 합니다.[17]

위의 내용은 분명한 그림을 그리고 있었다. 가톨릭 내에서는 성체에 초점을 둔 선교 비전이 가장 중요한 주제였다.

---

17) "Roman Catholic Doubletalk at Indianapolis '90," Foundation, July-August 1990, excerpts from talk by Fr. Tom Forest to the Roman Catholic Saturday morning training session.

Another Jesus?

제 3 장

성체에 대한 이해

1. 화체설(Transubstantiation)

"화체설"이라는 용어를 이해하지 않고는 성체의 의미를 충분히 파악할 수 없다. 가톨릭 저자 조안 캐롤 크루즈는 다음과 같이 "화체"에 대해 정의를 내린다.

> 빵과 포도주가 전부 그 본질에 있어서 그리스도의 몸과 피로 변하는 것을 나타내는 용어로서 트렌트 공회에 의해 공식적으로 승인하였다. 축성 후에는 빵과 포도주의 외형 또는 "우유성"(accidents; 색, 맛, 냄새, 양 등)만이 남게 된다.[1]

사제가 축성을 하는 동안 빵(제병)과 포도주는 기적적으로 실제 예수 그리스도로 바뀐다. 축성 후에도 빵과 포도주는 여전히 빵과 포도주처럼 보이지만, 사람들은 신비한 과정이 발생했다고 믿는다. 따라서 예수님은 제단 위에 신체적으로 계신다고 간주되며 신도가 축성된 제병(祭餅)을 먹을 때는 실제로 예수님을 먹는 것으로 여겨진다.

---

1) Joan Carroll Cruz, *Eucharistic Miracles* (Rockford, IL: Tan Books and Publishers, Inc., 1987), p. xiii, Imprimatur, Philip M. Hannan, Archbishop of New Orleans, April 25, 1986, p. xxii.

「엔보이 매거진」(Envoy Magazine: 가톨릭 변증과 선교를 위한 격월 잡지) 2000년 1월/2월 호는 위의 내용을 더욱 분명하게 확언해 준다. 이 잡지를 발행하는 목적은 "오늘날의 최고 실력의 가톨릭 저자들을 중심으로 하여 현대의 스타일에 맞게 신선하게 총천연색 사진 및 인기를 끌만한 혁신적인 형태로 가톨릭 믿음의 진리들을 제시하기 위함이다"[2]라고 되어 있다.

이 1월/2월호의 앞표지에는 가톨릭 신부가 손에 제병을 축성하기 위해 들고 있는 모습의 사진이 실려 있었고 사진의 배경으로는 하늘과 구름이 있었다. 잡지 표지의 제목은 "이것은 빵처럼 보이고 빵 맛이 나며 빵처럼 느껴진다. 이것이 과연 하나님(GOD)인가?" 그리고 GOD의 "O"는 실제 축성된 제병으로 대신하면서 표지에 있어서 가장 두드러지게 보이게 하였다. 이 발행물의 기사에는 데빗 암스트롱이 쓴 글이 실려 있었다.

> 화체의 기적 가운데 발생하는 실제 속성을 살펴보자. 어떤 형태로든 비본질적 외형의 특성이 바뀌면 우유적인(偶有的, accidental) 변화가 발생한다. 예를 들어, 물은 얼음처럼 고체의 특징을 취하거나 수증기의 형태를 취할 수 있다. … 모든 일상의 자연적 경험 가운데서는 본질의 변화는 언제나 그 본질에 알맞은 외형적 특성의 우유적 변화를 동반한다. 한 가지 예로 음식의 신진대사 과정을 들 수 있다. 음식은 소화의 결과로 변화되어 우리 몸의 일부가 된다.
>
> 그러나 성체는 초자연적인 변화로서 우유적인 변화가 없는 본질적인 변화의 발생이다. 따라서 빵과 포도주의 외적 특성은 축성 후에도 계속되지만, 본질과 재질은 그리스도의 참되고 실제적인 몸과 피의 재질로 대치된다.[3]

여기서 암스트롱은 가톨릭으로 개종한 사람임을 주지하는 것이 중요하다. 그는 고백하길 자신은 한때 화체설의 중요성을 이해하지 못했다고 한

---

2) Enboy Magazine, "What is Envoy's Mission?" http://www.envoymagazine.com/guidelines.html, accessed 09/2007).

3) David Armstrong, "Is THis God?" (Envoy Magazine, January/February 2000, http://www.envoymagazine.com/backissues/4.1/god.htm, accessed 09/2007).

다. 그러나 지금 암스트롱은 이렇게 의아해한다. "어떻게 나는 기독교 예배의 가장 핵심인 성체 성사의 중요성을 그렇게 제대로 알지 못했을까?"[4]

가톨릭으로 개종한 다른 많은 사람들처럼 암스트롱은 교회 교부들을 연구하다가 성체의 중요성을 깨닫게 되었다. 그의 말을 들어보자.

> 개신교들이 현재 논쟁하고 있는 교리이지만 "그리스도가 성체 내에 실제로 계신다"는 교회 교부들의 증거는 역사적인 기독교 교리에 있어서 가장 강력하다.[5]

현재 암스트롱은 축성된 제병과 포도주는 하나님이며 그 영성체는 그리스도의 참된 실제 몸과 피로 확신하고 있다. 그는 다음과 같이 결론을 내린다.

> 이 부분이 바로 믿음이 필요한 부분이다. 많은 사람들이 이 부분에서 실족하는데 그 이유는 성체는 실험과 과학적인 '증명'으로 확인될 수 없는 매우 복잡한 속성의 기적이기 때문이다. 그러나 한편으로 생각하면 성체의 변화를 믿는 것이 물이 얼음으로 변하는 것을 믿는 것보다 더 어려운 것은 아니다. 물이

---

4) Ibid.
5) Ibid.

얼음으로 변할 때 재질(분자 구조)은 바뀌지 않지만 외적 특성은 바뀐다. 성체는 단지 반대 시나리오를 갖는다고 할 수 있다. 외적 특성은 바뀌지 않지만 재질이 바뀌는 것이다.[6]

2. 사제의 권한

가톨릭 문서에 따르면 가톨릭 사제들은 제단에서 예수님을 나타나게 할 수 있는 권한을 가지고 있다. 축성의 순간에 화체라고 알려진 기적의 과정이 발생한다고 본다. 조안 캐롤 크루즈의 책 『성체 기적』에서 그녀는 다음과 같이 말한다.

> 무교 제병은 미사에서 축성의 순간에 그리스도의 몸과 피가 된다(미사에서 사제를 위해서는 큰 제병이, 회중을 위해서는 많은 작은 제병이 축성된다). 영성체를 뜻하는 영어 단어 호스트(host)는 라틴어 "호스티아"(hostia)에서 파생되었으며 그 의미는 "희생물"이라는 뜻이다. 예수 그리스도는 우리의 죄악을 위해 미사의 성체 성사에서 자기 자신을 하나님 아버지께 희생물과 화목제로 드린다(따라서 각 미사는 갈보리의 단번의 희생 제사를 갱신하는 것이다).[7]

이 관점을 지지하기 위해 가톨릭 신자들은 예수께서 마지막 만찬에서 화체설을 가르치셨다고 주장한다. 그들의 주장과 가르침에 의하면, 더욱이 바로 이때 예수께서는 제자들에게 빵과 포도주를 그리스도의 실제 존재로 변형시킬 수 있는 권한을 주시기 위해 그들에게 기름을 부었다는 것이다. 그리고 그 후 이 권한은 수 세기를 걸쳐 사도 계승 및 사제 서품을 통해 선택된 사제들에게 전달되었다는 것이다.

「엔보이 매거진」에 글을 쓰는 또 다른 저자인 데빗 피어슨은 그의 글 "가

---

[6] Ibid.
[7] Joan Carroll Cruz, *Eucharistic Miracles*, op. cit., p. xxi.

톨릭 신자들은 쿠키를 예배하는가"에서 위의 시나리오를 다음과 같이 설명하고 있다.

> 맨 처음 성찬을 받은 사람들은 위대한 대제사장(예수 그리스도)으로부터 직접 첫 번째 영성체를 받았다. 하나님의 흠 없는 어린양께서는 그들의 죄악과 전 세계의 모든 죄악을 위해 자신을 희생하기 직전, 열두 제자를 먹이셨다. 즉, 주님께서는 자신의 손으로 친히 빵과 포도주로 보이는 주님 자신의 몸과 피를 친히 처음 주교들에게 먹이셨던 것이다. 이 일이 바로 오늘날 모든 미사에서 발생하고 있는 사건이다. 하나님의 완전하신 유월절 양인 예수께서는 사도적 계승과 사제 서품(초대교회에서는 "안수"였다)의 은혜를 사용하셔서 주께서 영광 중에 다시 돌아오실 때까지 모든 세대가 주의 살과 피를 먹을 수 있도록 하셨다.[8]

피어슨은 한때 개신교 신자였지만 지금은 가톨릭 신자가 된 스콧 한(Scott Hahn)의 말을 인용한다. "예수께서 말세에 다시 오실 때 누릴 영광은 지금 주께서 우리 교회들의 성궤에서 그리고 제단 위에서 누리는 영광보다 조금도 더 낫지 않을 것이다." 한은 추가로 다음과 같이 말한다.

> 오늘 우리는 이스라엘의 작은 언덕으로부터 수천 마일 떨어져 있을지라도 우리가 미사에 참여하기만 한다면 우리는 다락방의 예수님과 함께 있으며 하늘의 예수님과 함께 있게 된다.[9]

3. 사제들의 권한에 대한 스콧 한의 주장

스콧 한은 가톨릭으로 개종한 사람일 뿐만 아니라 열성적인 성체 지지자

---

8) David Fearson, "Do Catholics Worship Cookies?" (*Envoy*, Volume 7:2, 2003), p. 4.
9) Ibid.

다. 이 책의 뒷부분에서 그의 간증을 상세하게 점검해 보려 한다. 한과 그의 아내 킴벌리는 가톨릭으로 개종하는 데 있어서 성체가 주요한 역할을 했다고 간증한다. 현재 오하이오 스트벤빌의 가톨릭대학교에서 신학 교수로 있는 한은 여러 책을 쓴 저자이기도 하며「엔보이 매거진」에서 "성서 사항들"이라 불리는 고정 칼럼을 쓰고 있다. "사제들의 신부 등급"이라는 제목의 글에서 한은 열광적으로 가톨릭 신부들에게 부여된 권한을 상기시킨다.

> 당신들은 새 언약의 사제들로서 유일하고 강력한 방법으로 그리스도에게 동화되어 있다. 기독교 전통은 가장 놀라운 용어로 서품에 대해 말한다. 신부를 "얼터 그리스투스"(alter Christus), 즉 "또 다른 그리스도"라고 말하는 것은 가톨릭 발언에서는 평범한 것이다. 교리문답은 우리에게 더욱 분명하게 신부에 대해 말해주는데, 신부는 "그리스도의 인격 안에서" 행하며 그리스도처럼 행한다고 알려준다. 그는 "하나님 아버지의 살아있는 형상"이다. 예수 그리스도는 서품을 받은 사제들의 사역을 통해 "신자들의 공동체 안에 보이게 나타난다."[10]

한은 사제직을 하나님의 수준까지 높이면서 죄 많은 평범한 사람을 지극히 높이고 있다. 그의 말을 들어보자.

> 신학자들은 존재론적인 변화를 언급한다. 사람의 존재 자체가 변화한다는 것이다. 이 변화는 신품 성사와 함께 발생한다. 서품은 영원히 영구하고 깊게 새겨져 "지울 수 없는 영적 성품"을 준다.[11]

그 다음 한은 사제직으로 기인하는 신부의 초자연적인 변화와 신부가 제병을 축성할 때 발생하는 변화를 비교하면서 다음과 같이 말한다.

---

10) Scott Hahn, "The Paternal Order of Priests: An Open Letter to Our Catholic Clergy, In a Time of Crisis" (insert in *Envoy*, Volume 7.2, 2003) in insert.
11) Ibid.

위대한 카파도키안 교부인 니사의 그레고리는 이 성례적 변화를 성체 성사에서 발생되는 화체와 비교하였다. 그의 설명을 들어보자. "제병은 처음에는 평범한 빵이다. 하지만 성사 행위로 그것을 축성할 때 그것은 그리스도의 몸이 된다. … 축성할 때의 말씀의 능력은 축성하는 사제를 똑같이 숭배와 존경을 받기에 합당하게 만든다. 이 새로운 축복은 사제를 평범하고 일반적인 삶으로부터 구별한다. 어제 그는 군중들 중에 한 사람이었으며 사람들 중에 한 사람이었다. 그러나 갑자기 지금 그는 인도자, 지도자, 의의 선생 그리고 숨겨진 신비의 교사가 되어 있다. 그의 몸과 형태에는 아무런 변화가 없지만 그는 이 일을 한다. 그는 어제와 같은 사람으로 보이지만 그의 보이지 않는 영혼은 보이지 않는 권능과 은혜에 의해 실제로 더 높은 상태로 변화되어 있다."[12]

4. 성체 선교

나는 제2과에서 바티칸의 대변인의 말과 가톨릭 신부 톰 포리스트의 말을 인용하여 가톨릭의 참된 선교는 어떤 사람이 가톨릭 신자가 되지 않았으면 아직 그 사람에게 선교가 이루어지지 않은 것으로 본다는 점을 지적했다. 톰 포리스트는 성사들의 중요성을 강조했다. 가톨릭 자료들은 성체 성사는 가장 중요한 성사라고 말한다. 예를 들어 『성체 기적』에서 조안 캐롤 크루즈는 다음과 같이 말한다.

성체 성사에서는 빵과 포도주처럼 보이는 형태하에 우리의 영혼의 은혜를 창출하는 음식인 그리스도의 몸과 피가 참으로 실제로 실질적으로 존재한다. 더욱 구체적으로 말하면 성변화된 성체와 성변화된 "포도주", 즉 보혈이 있다.[13]

『가톨릭교회 교리문답』은 다음과 같이 말한다.

---

12) Ibid.
13) Joan Carroll Cruz, *Eucharistic Miracles*, op. cit., p. xxi.

> 성체 성사는 "기독교의 삶의 원천이며 최고 정상이다." 다른 성사들도 모두 교회의 참된 사역이며 사도적 직무이지만 그럼에도 성체 성사와 밀접한 관계를 갖고 있으며 성체 성사로 향한다. 그 이유는 영광된 성체 성사는 교회의 모든 영적 유익이 되시는 유월절 양, 즉 그리스도 그분 안에 담겨져 있기 때문이다.[14]

더욱이 성체 성사가 가톨릭의 심장이요 핵심인 사실을 더욱 절대적으로 하기 위해 교리문답은 다음과 같이 말한다.

> 간단하게 말하면, 성체는 우리 믿음의 핵심이며 요약이다. "우리의 생각은 성체에 맞추어지며 성체는 다시 우리의 생각을 확인해 준다."[15]

가톨릭의 가르침에 의하면 성체는 죄악을 위해 희생하신 그리스도를 의미한다. "미사의 제사"를 통해 그리스도는 날마다 우리의 죄악을 위해 희생되어 진다. 이 점에 대해 『가톨릭교회 교리문답』은 다음과 같이 언급한다.

> 그리스도의 희생과 성체의 희생은 '하나의 단일 희생'이다. "희생물은 하나이며 같다. 십자가에서 자신을 드린 똑같은 그분이 사제의 사역을 통해 지금 자신을 드리신다. 오직 드리는 방법만이 다르다." 피 흘리는 방법으로 자신을 단번에 드리셨던 바로 그 똑같은 그리스도께서 이제는 미사에서 거행되는 신적인 희생 제사를 통해 피 없는 방법으로 담겨져 제물로 드려진다.[16]

모든 가톨릭 제단 위에 있는 성체 예수는 가톨릭과 가톨릭 믿음에 있어서 가장 중요한 것은 확실하다. 진정으로 성체 예수는 가톨릭의 예수이다. 그러나 성체 예수는 과연 성경의 예수일까?

---

14) *Catechism of the Catholic Church* (New York, NY: Doubleday, First Image Books edition, Second Edition, April 1995), para 1324, pp. 368-369.
15) Ibid., para. 1327, p. 369.
16) Ibid., para. 1367, p. 381.

제 4 장

성체에 대한 성경적 관점

가톨릭교회는 가톨릭 사제가 미사 중에 제병을 축성하면 그 제병은 진짜로 예수 그리스도의 실제 몸, 피, 영혼 그리고 신성으로 바뀐다고 가르친다.[1] 그러므로 영성체는 빵으로 보이기는 하지만 더 이상 빵이 아니라 예수님이다. 따라서 숭배와 예배를 받기에 합당하게 된다. 『가톨릭교회 교리문답』은 이에 대해 간결하게 언급하고 있다.

> 가장 복된 성체 성사 안에는 "우리 주 예수 그리스도의 영혼과 신성과 함께 주의 몸과 피가 있다. 따라서 그리스도 전체가 참으로, 실제로, 본질적으로 그 안에 담겨 있다."[2]

교회와 세상은 성체 예배를 드려야 할 필요가 크다. 예수께서는 사랑의 이 성사에서 우리를 기다리신다. 믿음으로 충만한 묵상 가운데 주를 예배하는 마음으로 주님을 만날 시간을 거절하지 말고 세상의 범죄들과 심각한 죄악들을 향한 속죄에 참여하자. 우리의 예배가 결코 멈추지 않도록 하자.[3]

---

1) *Catechism of the Catholic Church*, op. cit. 이 과정은 화체라고 불리며 신조구문 1373-1377과 1413에 있다. 각각 해당 페이지는 pp. 383-385, p. 395 이다.
2) Ibid., para. 1374, p. 383.
3) Ibid., para. 1380, pp. 385-386.

1. 주의 만찬에 대해 성경은 무엇을 가르치는가?

우리는 가톨릭교회가 성체에 대해 무엇을 가르치는지 증거 자료들을 통해 연구하였다. 그러나 성경은 무엇을 가르치는가? 성경은 신자들에게 "하나님의 모든 뜻"을 연구하라고 격려하며(참조, 행 20:27), "범사에 헤아려 좋은 것을 취하라"(살전 5:21)고 당부한다. 우리는 신자로서 "진리의 말씀을 옳게 분별하며 부끄러울 것이 없는 일꾼으로 인정된 자로 자신을 하나님 앞에 드리기를 힘써야"(딤후 2:15) 한다.

이러한 교훈을 마음에 두고 성경이 주의 만찬에 대해 무엇을 말하는지 알아보도록 하자.

주님의 마지막 만찬은 "너희가 이를 행하여 나를 기념하라"(눅 22:19)는 주의 말씀에 순종하려는 1세기의 그리스도인들에 의해 거행되었다. 주님께서는 마지막 만찬을 여시고 상징적으로 자기 자신의 속죄를 위한 유월절 양으로 드리시면서 이 만찬을 기념하여 지킬 것을 제정하셨다. 그 다음날, 주님의 실제 죽음은 예언을 완성하였다. 오직 바울만이 "주의 만찬"(고전 11:20)이라는 표현을 사용하였지만, 약 서기 100년부터는 교회 교부들이 이 만찬을 "유케리스트"(Eucharist), 즉 빵과 포도주와 함께 선포된 축복에 감사를 표하는 뜻으로 "유케리스트"라고 부르기 시작했다. 그리스도인들은 그리스도의 죽음과 부활로 인봉된 새로운 언약의 표시인 주의 만찬을 주기적으로 기념하였다.[4] 그러나 오늘날 "유케리스트"는 단순한 감사 이상의 훨씬 많은 뜻이 담겨 있다.

2. 이것은 내 몸이다.

그렇다면 예수께서 마지막 만찬 가운데 제정하신 것은 정확하게 무엇인

---
4) *Holman Bible Dictionary* (Parsons Technology), 1994.

가? 성경은 다음과 같이 기록하고 있다.

> 또 떡을 가져 감사 기도하시고 떼어 그들에게 주시며 이르시되 이것은 너희를 위하여 주는 내 몸이라 너희가 이를 행하여 나를 기념하라 하시고 저녁 먹은 후에 잔도 그와 같이 하여 이르시되 이 잔은 내 피로 세우는 새 언약이니 곧 너희를 위하여 붓는 것이라(눅 22:19-20).

가톨릭 성체를 지지하는 자들은 요한복음 6장에 기록된 예수님의 말씀을 언급한다. 요한복음 6장은 마지막 만찬을 다루고 있지는 않지만 성찬과 관련된 예수님의 말씀이 있다.

> 나는 하늘에서 내려온 살아 있는 떡이니 사람이 이 떡을 먹으면 영생하리라 내가 줄 떡은 곧 세상의 생명을 위한 내 살이니라 하시니라. 그러므로 유대인들이 서로 다투어 이르되 이 사람이 어찌 능히 자기 살을 우리에게 주어 먹게 하겠느냐? 예수께서 이르시되 내가 진실로 진실로 너희에게 이르노니 인자의 살을 먹지 아니하고 인자의 피를 마시지 아니하면 너희 속에 생명이 없느니라. 내 살을 먹고 내 피를 마시는 자는 영생을 가졌고 마지막 날에 내가 그를 다시 살리리니 내 살은 참된 양식이요 내 피는 참된 음료로다(요 6:51-55).

이 구절들이 의미하는 바는 무엇인가? 이 질문에 대한 답변은 하나님의 말씀 그 자체를 자세히 점검함으로 얻을 수 있을 것이다.[5]

3. 은유와 직유

성경에서는 문맥이 의미를 결정한다. 성경을 믿는 그리스도인들은 문맥

---

5) 성찬과 관련한 성경 구절은 다음과 같다. 마 26:17-35; 막 14:12-31; 눅 22:7-23; 요 13:1-17, 26; 고전 11:17-34.

이 비유나 상징적인 해석을 요구하지 않을 경우 성경을 문자적으로 취한다. 요한복음 6장에 있는 주님의 말씀을 살펴보기 전에 성경에 나오는 몇 가지 상징적 표현을 검토해보자. 모든 학자들은 다음 구절들이 은유라는 것에 동의할 것이다. 각 구절 뒤에 설명을 달아 놓겠다.

> 너희는 여호와의 선하심을 맛보아 알지어다(시 34:8). – 하나님의 약속이 이루어지는지 확인하고 체험하라.

> 내가 주는 물을 마시는 자는 영원히 목마르지 아니하리니 내가 주는 물은 그 속에서 영생하도록 솟아나는 샘물이 되리라(요 4:14). – 구원의 은혜를 받은 사람들에게는 그리스도의 영이 그들의 영혼 안에 거하면서 영생을 확증한다.

> 또 그가 내게 이르시되 인자야 너는 발견한 것을 먹으라 너는 이 두루마리를 먹고 가서 이스라엘 족속에게 말하라 하시기로 내가 입을 벌리니 그가 그 두루마리를 내게 먹이시며(겔 3:1, 2). – 하나님의 말씀을 당신의 마음으로 받아서 자신의 것이 되게 하고 그 말씀을 순종하라.

이러한 은유 및 그 은유에 대한 설명은 얼마든지 할 수 있다. 한번은 예수께서 "너희가 이 성전을 헐라 내가 사흘 동안에 일으키리라"(요 2:19)라고 말씀하셨다. 유대인들은 예수님이 실제 예루살렘의 성전을 말씀하신다고 생각했다. 그러나 성경을 계속 읽어보면 예수께서는 그의 몸을 언급하고 있었음을 발견할 수 있다(요 2:20–21). 또 다른 곳에서는 예수께서 "나는 참포도나무요"(요 15:1) 라고 말씀하셨다. 물론 우리는 예수께서 자신을 문자 그대로 기둥을 타고 올라가는 포도나무라고 말씀하신 것이 아님을 안다. 성경이 하나님께서 우리를 주의 날개 아래 숨기신다고 말할 때에도(시 91:4), 우리는 하나님이 깃털이 있는 새가 아니라는 것을 안다. 이 은유적 표현은 하나님은 생명의 원천이시며 우리의 공급자요 보호자이심을 생생하게 설명하기 위한 것이다.

성경 전반에 걸쳐 비유적 표현이 사용되고 있다. 비유적 표현은 어떤 것을 말할 때 다른 것에 비유하면서 청중으로 하여금 더욱 쉽게 이해할 수 있도록 한다. 사실, 성경은 예수께서 주기적으로 비유를 사용하셨음을 알려 준다(마 13:34). 예수께서 친히 말씀하셨다. "이것을 비유로 너희에게 일렀거니와"(요 16:25). 성경은 문맥이 상징적인 설명을 요구하지 않는 한 언제나 문자적으로 해석되어야 한다. 그렇다면 요한복음의 문맥은 어떤 해석을 요구할까?

4. 요한복음 6장: 하늘의 떡

만일 우리가 요한복음 6장을 전부 읽어 보면 그 문맥을 알 수 있을 뿐만 아니라 예수께서 무엇을 의미하려고 하셨는지 놀라운 통찰력을 얻게 된다. 예수께서는 우리가 주의 살과 피를 먹고 마셔야 한다고 하셨다. 요한복음 6장은 예수께서 오천 명을 먹이신 사건을 시작으로 하여 예수께서 물 위를 걸으신 사건을 기록하고 있다. 그 다음날에는 사람들이 잘못된 동기를 가지고 예수님을 찾고 있다. 요한복음 6:26-27을 보자.

> 예수께서 대답하여 이르시되 내가 진실로 진실로 너희에게 이르노니 너희가 나를 찾는 것은 표적을 본 까닭이 아니요 떡을 먹고 배부른 까닭이로다. 썩을 양식을 위하여 일하지 말고 영생하도록 있는 양식을 위하여 하라 이 양식은 인자가 너희에게 주리니 인자는 아버지 하나님께서 인치신 자니라(요 6:26-27).

이 구절들은 그 다음에 나오는 구절들의 문맥을 제공한다. 특히 예수께서 그들이 영생을 구해야 할 필요를 강조하시는 내용의 문맥이기도 하다. 그 후 예수께서는 어떻게 영생을 얻을 수 있는지를 설명하신다. 28절에서 사람들이 예수님께 묻는다. "우리가 어떻게 하여야 하나님의 일을 하오리이까?" 예수께서 대답하셨다. "이르시되 하나님께서 보내신 이를 믿는 것이 하나님의 일이니라"(요 6:29).

여기서 예수님은 하나님을 기쁘시게 할 수 있는 한 가지 일을 지정하신다. 바로 예수님을 믿는 일이다. 예수님은 이 점을 다시 35절에서 강조하신다. "나는 생명의 떡이니 내게 오는 자는 결코 주리지 아니할 터이요 나를 믿는 자는 영원히 목마르지 아니하리라." 이 구절에서 "내게 오는", "나를 믿는"이라는 표현은 명령형으로 되어 있다(역자 주 - 원어로 볼 때 "내게 오라", "나를 믿으라"라고 명령형으로 되어 있다). 예수님은 40절에서 주께서 말씀하시려는 메시지가 무엇인지 다시 반복하신다.

> 내 아버지의 뜻은 아들을 보고 믿는 자마다 영생을 얻는 이것이니 마지막 날에 내가 이를 다시 살리리라(요 6:40).

예수께서 말씀하시려는 것은 분명하게 나타났다. 즉, 주께 나아와 주를 믿음으로써 영생을 얻으라는 것이다. 요한복음 6장의 기록에 의하면, 이때 유대인들이 주님께 불평하였다. 그 이유는 주께서 "자기가 하늘에서 내려온 떡이라"(요 6:41)고 말씀하셨기 때문이다. 예수께서는 그들의 수군거림에 답변하시길, 주님은 참된 "산 떡"이며 그들은 영생을 얻기 위해 주의 살과 피를 먹고 마셔야 한다고 하셨다(참조, 요 6:42-58). 그러나 이 말씀의 문맥을 기억하자. 첫째, 예수님은 자신을 그들의 조상들에게 내리셨던 만나와 비교하셨다. 그들은 광야 여정 가운데 만나를 먹으며 살 수 있었다. 그러나 결국 조상들은 죽었다. 그러나 지금 예수께서는 "하늘의 산 떡"으로써 자기 자신을 주시고 있다. 그리고 누구든지 그를 먹으면 영원히 산다.

예수님은 조상들이 광야에서 먹었던 썩을 양식과 같지 않다. 주님은 영원히 살게 하는 생명의 떡이시다. 우리는 주의 영원한 생명에 참예함으로써만 주님과 함께 영원히 살게 될 것을 소망할 수 있다. 이 비교는 주께서 하시려는 메시지의 핵심을 더욱 강조한다. 그 핵심은 "진실로 진실로 너희에게 이르노니 나를 믿는 자는 영생을 가진다"(요 6:47)는 사실이다. 예수님의 말씀을 보면, 우리가 주님을 믿는 즉시 영생을 "가진다"라고 할 때 그 동사가 현재 형으로 되어 있다. 영생은 우리가 목표로 하거나 미래에 얻게 될 어떤 것을 소망하는 것이 아니라 오히려 지금 당장 믿음으로 주님을 영접함으로써 받는 것이다.

예수께서 이 말씀을 하신 곳은 가버나움 회당이었으며 그 손에 빵이나 포도주가 있지 않았다. 그렇다면 주님의 말씀은 실제로 사람 고기를 먹으라고 명령하시는 것이든지 아니면 비유적으로 말씀하시는 것이다. 만일 주께서 문자 그대로 의미하는 것이었다면 "고기를 그 생명되는 피채 먹지 말 것이니라"(창 9:4)라고 명하신 하나님 아버지의 말씀과 정면으로 상충하게 된다. 그러나 예수께서는 친히 "성경은 폐할 수 없다"(요 10:35)고 말씀하셨기 때문에 요한복음 6장의 빵과 포도주에 관한 주의 말씀은 비유적으로 하신 말씀일 수밖에 없다. 그 다음에 이어지는 구절들은 주님의 설명인데 그 설명을 보면 주께서 하신 말씀이 비유였음을 더욱 분명하게 한다.

5. 육은 무익하다.

이후 요한복음 6:60에서 주의 제자들 중 여럿이 "이 말씀은 어렵도다 누가 들을 수 있느냐"라고 염려한다. 예수께서는 그들의 불평을 아시고 답변하셨다.

> 예수께서 스스로 제자들이 이 말씀에 대하여 수군거리는 줄 아시고 이르시되 이 말이 너희에게 걸림이 되느냐? 그러면 너희는 인자가 이전에 있던 곳으로 올라가는 것을 본다면 어떻게 하겠느냐? 살리는 것은 영이니 육은 무익하니라 내가 너희에게 이른 말은 영이요 생명이라. 그러나 너희 중에 믿지 아니하는

자들이 있느니라(요 6:61-64).

주의 말씀을 기억하자. 육은 무익하다! 그런데 예수께서는 우리에게 주의 육체를 먹으라고 하지 않으셨던가? 그러나 만일 육이 무익하다고 하셨다면 예수께서는 영적인 용어로 이 말씀을 하셨음이 확실해진다. 또한 주님은 "내가 너희에게 이른 말은 영이요"라고 말씀하셨다.

예수님은 위의 구절에서 "육"을 말씀하실 때 헬라어 "사르스"(sarx)를 사용하셨는데 이 단어는 앞에서 "살"과 피를 말할 때 나온 단어와 정확하게 같은 단어이다. 그러므로 주님이 강조하시며 말씀하시는 것은 주님의 살을 실제로 먹는 것은 무익하다는 뜻이 된다! 만일 주님 자신이 이 대화의 문맥을 정하신 것이라면 우리는 주님께서 정하신 문맥에 따라 주의 말씀을 이해하는 것이 안전할 것이다. 주님은 주께서 이르신 말씀은 영이며 육은 무익하다고 말씀하셨다. 다른 말로 하면, 예수께서는 방금 전에 은유로 말씀하셨다는 사실을 알려주신 것이다. 따라서 이 점에 대해 다른 추측을 할 필요가 없다.

만일 아직도 분명하지 않다면, 베드로의 말은 더 분명하다. 예수께서 유대인들과의 대화를 마치자, 여러 제자들이 주님을 떠났다. 이에 예수께서는 남은 열두 제자들에게 물으셨다. "너희도 가려느냐?"(요 6:67). 이때 베드로의 답변은 심오하다.

> 시몬 베드로가 대답하되 주여 영생의 말씀이 주께 있사오니 우리가 누구에게로 가오리이까? 우리가 주는 하나님의 거룩하신 자이신 줄 믿고 알았사옵나이다(요 6:68-69).

참으로 놀랍다! 베드로는 영생을 얻기 위해 주님의 육체를 먹어야 한다고 말하지 않았다. 베드로는 주님은 그리스도시며 우리가 주님을 그리스도로 믿어야 한다고 말했다. 이것이 바로 영생으로 인도하는 믿음의 고백이다. 예수님의 살과 피를 문자 그대로 먹고 마시는 것이 영생으로의 길이 아니다. 베드로의 고백은 성경 전부와 잘 어울린다. 성경의 몇 구절을 보자.

> 네가 만일 네 입으로 예수를 주로 시인하며 또 하나님께서 그를 죽은 자 가운데서 살리신 것을 네 마음에 믿으면 구원을 받으리라(롬 10:9).
> 내가 어떻게 하여야 구원을 받으리이까 하거늘 이르되 주 예수를 믿으라 그리하면 너와 네 집이 구원을 받으리라(행 16:30-31).
> 아들을 믿는 자에게는 영생이 있고(요 3:36).

6. 영적 감각

예수님은 요한복음 6장에서 물질적인 만나의 임시적인 유익들과 성령 안에서의 생명의 영원한 유익들을 뚜렷하게 비교하셨다. 이 주제는 하나님의 말씀 전반에 걸쳐 반복되어 다루어진다. 모든 성경은 육체의 일시적이고 제한된 유익과 성령의 무한하고 영원한 유익을 비교한다. 만나는 비록 하늘에서 내려온 음식이라고 해도 단지 일시적이고 제한된 가치를 지니고 있었다. 하지만 주를 향한 믿음과 소망을 둠으로써 그리스도의 생명을 받게 될 때 그 가치는 무한하다. 로마서 8장은 이 놀라운 복음을 설명한다.

> 그러므로 이제 그리스도 예수 안에 있는 자에게는 결코 정죄함이 없나니 이는 그리스도 예수 안에 있는 생명의 성령의 법이 죄와 사망의 법에서 너를 해방하였음이라. … 육신을 따르는 자는 육신의 일을, 영을 따르는 자는 영의 일을 생각하나니 육신의 생각은 사망이요 영의 생각은 생명과 평안이니라. … 육신에 있는 자들은 하나님을 기쁘시게 할 수 없느니라. 만일 너희 속에 하나님의 영이 거하시면 너희가 육신에 있지 아니하고 영에 있나니 누구든지 그리스도의 영이 없으면 그리스도의 사람이 아니라(롬 8:1, 2, 5, 6, 8, 9).

7. 예수님의 일곱 번의 "나는 … 이다(I AM)"의 언급

우리는 요한복음 6장에서의 예수님의 가르침뿐만 아니라 요한복음 전체를 통해서 주님의 메시지에 관한 추가적인 통찰력을 얻을 수 있다. 그 통찰력으로 예수께서 "나는 생명의 떡이라"고 말씀하셨을 때의 그 의미가 무엇인지 더욱 충분하게 이해할 수 있다. 요한복음에는 주님께서 "나는 … 이다"라는 말씀이 일곱 번 나온다.

요한복음 6:35 – 나는 생명의 떡이다.
요한복음 8:12 – 나는 세상의 빛이다.
요한복음 10:9 – 나는 문이다.
요한복음 10:11 – 나는 선한 목자다.
요한복음 11:25 – 나는 부활이며 생명이다.
요한복음 14:6 – 나는 길이요 진리요 생명이다.
요한복음 15:5 – 나는 포도나무다.

신자들은 주님의 일곱 번의 "나는 … 이다"라는 언급을 좋아해야 한다. 예수께서는 자신이 하나님이라고 주장하실 뿐만 아니라 그는 하나님이 누구신지를 정의하신다. 출애굽기를 보면 모세가 하나님께 주의 이름이 무엇인지 묻는다(출 3:11-15). 하나님은 주의 이름이 "나는 … 이다"(I AM)라고 답변해 주심으로 하나님은 스스로 존재하시는 분이심을 계시하셨다. "나는 …이다"(I AM)는 히브리어로 하나님의 이름이며 "여호와" 또는 "야훼"(YHWH)로 기록되었다.

요한복음에서 예수님은 하나님이 누구신지 자세히 알려주신다. 만일 당신의 영혼이 굶주려 있다면, 예수님은 "나는 생명의 떡이다"라고 말씀하신다. 만일 당신이 깨달음과 이해를 구한다면 예수님은 "나는 이 세상의 빛이다"라고 말씀하신다. 만일 당신이 풍성한 삶으로의 입구를 찾고 있다면 예수님은 "나는 문이다"라고 말씀하신다. 당신이 인도와 보호를 원한다면 예수님은 "나는 선한 목자다"라고 말씀하신다. 만일 당신이 영생을 구한다면 예수님은 "나는 부활과 생명이다"라고 말씀하실 것이다. 예수님은 당신의 필요를 당신보다 더 잘 알고 계시다. 당신의 필요가 무엇이든, 예수님은 "나는 길이요 진리요 생명이다", "나는 포도나무니 만일 당신이 내 안에 거하면 나는 너의 모든 필요를 채울 것이다"라고 말씀하실 것이다.

예수께서 요한복음 6장과 모든 사복음서에서 말씀하시는 것은 "나는 네가 필요로 하는 모든 것이다"라는 점이다. "나는 너를 창조했고 나는 네가 온전히 만족할 수 있기 위해 필요한 것이 무엇인지 안다. 네게 꼭 필요한 것은 바로 나다." 예수님은 우리의 모든 것이 되신다. 우리에게 필요한 것이 무엇이든, 예수님만이 우리의 진정한 필요를 채우실 수 있다. 요한복음을 전부 연구해 보면 우리는 예수께서 자신이 실제 떡이라고 주장하고 있지 않음을 분명하게 알 수 있다. 그는 실제 포도나무가 아니시며 나무로 만든 문도 아니시다. 오히려 주님께서 말씀하시려는 것은 주님은 우리의 하나님이시며 창조주이시고 주님만이 우리의 모든 필요를 채우시는 모든 것이 되신다는 사실이다. 이와 같이 하나님의 전반적인 뜻을 이해하는 것은 참으로 중요하다.

요한복음 6장의 내용은 마지막 만찬 장면이 아니며 또한 떡을 떼고 있는 장면이 아니라는 점을 주목해야 한다. 다시 반복하여 말하는데, 요한복음 6장은 마지막 만찬과 전혀 관련이 없다. 예수님이 이 말씀을 하실 때는 빵과 포도주가 있지 않았으며 심지어 포도주에 대해서도 아무런 말씀을 하지 않으셨다. 화체설을 주장하는 사람들은 자신들의 교리를 지지하기 위해 이 구절들을 사용한다. 하지만 요한복음 6장에는 주님께서 제자들에게 어떻게 성찬을 거행해야 하는지를 가르치는 내용이 없으며 또한 이 장면은 마지막 만찬에 관한 것도 아니다. 그러므로 우리는 이 사건과 주의 만찬 사건은 서로 다른 사건임을 인정해야 한다.

요한은 요한복음 13장에서부터 마지막 만찬을 다룬다. 그러나 요한복음

6장에서는 다른 주제를 다루고 있다. 요한복음 6장에는 주께서 성찬과 관련하여 사람들이 따라야 하는 어떤 과정을 언급하는 내용이 없다. 또한 빵을 축성하여 그 빵을 주님의 실제 살로 바꾸어 내도록 사제직을 제정하는 내용도 없다. 빵으로 보이는 그것을 주님의 살과 피로 믿고 예배하라는 것은 요한복음 6장뿐만 아니라 성경 어디에서도 발견되지 않는다.

8. 복된 빵

요한복음 13장에는 마지막 만찬의 사건이 기록되어 있다. 3절과 4절은 다음과 같이 말한다. "저녁 먹는 중 예수는 … 저녁 잡수시던 자리에서 일어나 겉옷을 벗고 수건을 가져다가 허리에 두르시고." 요한의 기록에 의하면 지금 이 즈음에는 예수께서 이미 빵을 위한 감사 기도를 드리고 빵을 떼어 "이 것은 너희를 위하여 주는 내 몸이라"(눅 22:19)고 말씀하신 후이다.

마지막 만찬에 대한 요한의 기록 가운데 흥미로운 점은 예수께서 빵을 축복하시고 "이것은 내 몸이라"라고 말씀하신 후에 주님은 여전히 만찬의 빵을 단순한 빵으로 언급하셨다는 사실이다. 26절을 보자.

> 예수께서 대답하시되 내가 떡 한 조각을 적셔다 주는 자가 그니라 하시고 곧 한 조각을 적셔서 가룟 시몬의 아들 유다에게 주시니(요 13:26).

예수님은 하시던 일을 헷갈리신 것인가? 예수께서 실언하신 것인가? 그렇지 않다. 예수님이 하신 말씀에 따르면 빵은 축복을 한 이후에도 여전히 똑같은 빵이었다.

마태복음 26:17-29, 마가복음 14:12-25 그리고 누가복음 22:7-23은 예수께서 십자가에 달리시기 전날 밤의 사건을 기록하고 있다. 누가복음 22:15-19을 보면 예수께서 제자들에게 말씀하신다.

내가 고난을 받기 전에 너희와 함께 이 유월절 먹기를 원하고 원하였노라. 내가 너희에게 이르노니 이 유월절이 하나님의 나라에서 이루기까지 다시 먹지 아니하리라 하시고 이에 잔을 받으사 감사 기도 하시고 이르시되 이것을 갖다가 너희끼리 나누라. 내가 너희에게 이르노니 내가 이제부터 하나님의 나라가 임할 때까지 포도나무에서 난 것을 다시 마시지 아니하리라 하시고 또 떡을 가져 감사기도 하시고 떼어 그들에게 주시며 이르시되 이것은 너희를 위하여 주는 내 몸이라 너희가 이를 행하여 나를 기념하라 하시고(눅 22:15-19).

하나님께서는 종종 자기를 묘사하시거나 영적 진리를 설명하시기 위해 비유적인 언어를 사용하실 때가 있다. 마지막 만찬에서의 예수님의 말씀을 왜 비유적으로 받아들여야 하는지에 대해 많은 성경적 근거들이 있다. 나는 이 과의 나머지 부분에서 그 이유를 설명하려고 한다.

9. 유월절 양

출애굽기 12장과 13장에는 처음 유월절 사건이 묘사되어 있다. 매해 유대인들은 굴레에서의 해방을 기념하기 위해 유월절을 지켰다. 모든 유대인 가정마다 유월절 밤에 흠 없는 양을 죽이고 그 피를 문지방과 인방에 발랐다. 양의 피는 주를 믿는 자들을 보호해 주었다. 양의 피를 바른 자들은 모두 구원을 얻었지만, 하나님의 경고를 무시한 자들은 다 멸망하였다.

성경은 분명하게 "우리의 유월절 양 곧 그리스도께서 희생되셨느니라"(고전 5:7)라고 설명한다. 세례 요한이 예수님을 처음 보았을 때 "보라 세상 죄를 지고 가는 하나님의 어린양이로다"(요 1:29)라고 선포하였다. 예수께서는 구약성경이 오실 메시아를 가리켜 상징한 모든 것을 다 이루셨다. 그 중에 유월절 양이 포함된다. 예수께서는 마지막 만찬에서 자신은 우리를 위한 대속양이 되실 것을 선언하셨다. 주님께서는 우리를 대신하여 죽으셨다. 누구든지 자신의 죄악을 회개하고 믿음으로 주님을 영접하면 주의 은혜를 통해 죄와 죽음의 굴레로부터 자유하게 된다.

물론 예수님은 마지막 만찬 중에 실제(동물) 양이 되신 것은 아니셨다. 또한 빵이 주님의 실제 몸이 된 것도 아니었다. 그 자리에 있었던 유대 그리스도인들은 주님께서 친히 그들의 죄악을 위한 희생 제물이 되실 것을 분명히 알았을 것이다. 유대의 예언에는 메시아가 친히 자기 몸에 우리의 죄악을 담당할 것이라고 했는데 예수께서 이 예언을 이루셨다(사 53:5-12; 벧전 2:24). 우리의 죄악을 위해 주의 몸이 죽임을 당할 것이며 그분의 피가 흘려질 것이다. 구약의 희생과 제사들은 그리스도를 예시하는 것이었는데 하나님의 아들 안에서 다 이루어졌다. 더 이상 우리의 죄악을 위한 희생 제사가 필요하지 않다. 하나님께서 친히 모든 죄악을 위해 단번에 속죄하셨다. 이것이 바로 예수께서 그의 몸과 피로 유월절을 언급하셨을 때의 의미였던 것이다.

그 다음날 주님의 몸은 정말로 찢겨지고 주의 피는 우리의 죄악을 위해 부어졌다. 신자들을 향한 주의 명령은 "너희가 이를 행하여 나를 기념하라"(눅 22:19)는 것이다. 따라서 우리가 성찬을 거행하는 이유는 기념을 위한 것이지 다시 예수님을 희생시키기 위한 것이 아니다. 예수님은 마지막 만찬에서 사제직을 제정하지 않으셨다. 주님은 결코 화체설을 규정하신 적이 없다. 주님은 절대로 계속 되풀이 되는 희생 제사를 용서하실 리 없다. 그럴 수 없다. 복음일 수 없기 때문이다.

> 그리스도께서는 참 것의 그림자인 손으로 만든 성소에 들어가지 아니하시고 … 대제사장이 해마다 다른 것의 피로써 성소에 들어가는 것 같이 자주 자기를 드리려 아니하실지니 … 이와 같이 그리스도도 많은 사람의 죄를 담당하시려고 단번에 드리신 바 되셨고 … 그가 거룩하게 된 자들을 한 번의 제사로 영원히 온전하게 하셨느니라 … 이것들을 사하셨은즉 다시 죄를 위하여 제사 드릴 것이 없느니라(히 9:24, 25, 28; 10:14, 18).

유대인들이 그들의 노예의 굴레로부터 해방을 기념하기 위해 유월절을 지킨 것처럼 우리는 죄의 굴레로부터의 구원을 기념하여 주의 성찬을 지킨다. 예수님은 실제 양은 아니시지만, 우리의 유월절 양이시다.

유월절 양(동물)은 예배의 대상이 결코 될 수 없다. 사실, 하나님의 형상이나 그림을 숭배하는 것은 구약에 금하여져 있다. 그 어떤 것도 예수님보다 더 거룩하고 성스러울 수 없다. 예수님은 자신의 영광과 위치를 그를 나타냈던 상징이나 은유와 나눌 수 없다. 상징이나 은유는 모든 영광과 숭배와 존경을 받으시기에 합당하신 그분을 기억하도록 돕는 역할을 할 뿐이다.

10. 하늘에 있는 예수님의 하나의 몸

마가복음 16:19을 보자. "주 예수께서 말씀을 마치신 후에 하늘로 올려지사 하나님 우편에 앉으시니라." 예수님은 육체적으로 승천하여 하나님 아버지의 우편에 계신다. 베드로는 이에 대해 다음과 같이 말한다. "그는 하늘에 오르사 하나님 우편에 계시니"(벧전 3:22). 예수님의 유일하고 하나인 영광스러운 몸은 오직 하늘에 있다. 그래야 주님이 하신 "너희가 이를 행하여 나를 기념하라"(눅 22:19)는 말씀이 이치에 맞게 된다. 만일 예수님의 몸과 피와 영혼과 신성이 성체 안에서 우리와 함께 한다면 "너희가 이를 행하여 나를 기념하라"는 말씀은 전혀 의미가 없게 된다. 기념을 위한 추모 예식은 그 자리에 없는 사람을 위한 것이지 그 자리에 있는 사람을 위한 것이 아니다.

물론 지금도 예수님은 하나님이시며 "하나님은 영이시니 예배하는 자가 영과 진리로 예배해야 한다"(요 4:24). 예수님은 무소부재하시며 우리와 영적으로 함께 하신다. 따라서 주님은 지금 이 자리에 우리와 함께 계신다. 우리가 어디에 있던 그곳에 함께 계신다. 그러나 주님의 영광스러운 몸은 하늘에 있다.

오직 그리스도는 죄를 위하여 한 영원한 제사를 드리시고 하나님 우편에 앉으사 그 후에 자기 원수들을 자기 발등상이 되게 하실 때까지 기다리시나니 그가 거룩하게 된 자들을 한 번의 제사로 영원히 온전하게 하셨느니라(히 10:12-14).

예수님의 몸은 하늘에 있다. 우리는 성찬을 거행함으로써 주께서 십자가 위에서 우리를 위해 행하신 일을 기억해야 한다.

11. 초대교회의 행위들

초대교회는 성찬을 자주 거행했으며 사도행전은 이 사실을 기록하고 있다. 예수께서 승천하신 이후 사도들과 제자들이 어떻게 성찬을 거행하였는지 살펴보자.

> 그들이 사도의 가르침을 받아 서로 교제하고 떡을 떼며 오로지 기도하기를 힘쓰니라(행 2:42).
> 날마다 마음을 같이하여 성전에 모이기를 힘쓰고 집에서 떡을 떼며 기쁨과 순전한 마음으로 음식을 먹고(행 2:46).

마지막 만찬에 있었던 주님의 사도들은 매일 떡을 떼며 성찬을 거행하였다. 그러나 그들은 단 한 번도 그 떡이 예수님의 실제 몸과 피와 영혼과 신성이라고 언급한 적이 없다. 사도행전에 이와 관련한 가장 중요한 단서는 사도행전 20:7이다. "그 주간의 첫날에 우리가 떡을 떼려 하여 모였더니."

제자들이 예수님의 죽음과 부활을 기념하면서 주일에 떡을 뗀 사실을 주시하라. 사도행전을 아무리 살펴보아도 제자들이 성찬 예식을 추모 예식 이상으로 고려한 흔적이 없다. 이 사실은 성찬의 중요성을 감소시키는 것이 아니라 오히려 성찬을 거행해야 할 이유를 강조한다. 즉, 주님의 사역은 십자가에서 마무리 되었으며 지금 주님은 우리의 승리의 왕으로서 하늘에 계시다는 사실을 기억하는 것이다!

12. 하나님은 사람의 손으로 만든 성전에 거하지 않으신다

사도행전에서 흥미로운 점은 사도들이 강조하며 되풀이 하는 언급이 있다는 사실이다. 그 언급은 "지극히 높으신 이는 손으로 지은 곳에 계시지 아니하시나니"(행 7:48)라는 내용이다. 바울의 언급을 들어보자.

> 아덴 사람들아 너희를 보니 범사에 종교심이 많도다. 내가 두루 다니며 너희가 위하는 것들을 보다가 알지 못하는 신에게라고 새긴 단도 보았으니 그런즉 너희가 알지 못하고 위하는 그것을 내가 너희에게 알게 하리라. 우주와 그 가운데 있는 만물을 지으신 하나님께서는 천지의 주재시니 손으로 지은 전에 계시지 아니하시고 또 무엇이 부족한 것처럼 사람의 손으로 섬김을 받으시는 것이 아니니 이는 만민에게 생명과 호흡과 만물을 친히 주시는 이심이라(행 17:22–25).

이 진리는 히브리서에서도 되풀이 된다.

> 그리스도께서는 참 것의 그림자인 손으로 만든 성소에 들어가지 아니하시고 바로 그 하늘에 들어가사 이제 우리를 위하여 하나님 앞에 나타나시고(히 9:24).

성체 감실(龕室, Eucharistic tabernacle)은 인간의 손으로 만든 '성소'다! 그러나 성경은 그리스도께서 그곳에 계시지 않고 하늘에 계시다고 말한다. 또한 성전이라는 뜻의 헬라어 '나오스'는 신전 또는 예배 장소로 번역될 수 있다. 하나님께서는 주께서 그곳에 거하지 않으신다고 말씀하신다. 그러나 가톨릭교회는 예수님은 전 세계의 모든 성체 감실에 현존한다고 주장한다. 성찬 제병은 사람의 손으로 만든 것이다. 한편, 성경은 하나님은 사람의 손으로 만든 것으로 섬김을 받으시지 않으신다고 말한다(참조, 행 17:25).

13. 피를 멀리함

더욱이 사도들은 신자들에게 피를 멀리하라고 명하였다. 사도행전을 보면 사도들과 장로들이 초대교회에 스며들어온 어떤 유대 관습들에 대해 고려하기 위해 모였다. 야고보는 그들의 최종 결정을 발표하였다.

> 그러므로 내 의견에는 이방인 중에서 하나님께로 돌아오는 자들을 괴롭게 하지 말고 다만 우상의 더러운 것과 음행과 목매어 죽인 것과 피를 멀리하라고 편지하는 것이 옳으니(행 15:19-20).

만일 초기 사도들과 제자들이 새로운 신자들에게 피를 멀리 하라고 되풀이해서 명하였다면(참조, 행 15:29; 21:25) 왜 가톨릭교회는 그들의 교인들에게 예수님의 살과 피를 먹으라는 것일까? 만일 축성된 성찬의 요소들이 예수님의 실제 몸과 피와 영혼과 신성으로 변한다면 성찬에 참여한다는 것은 피를 멀리하라는 성령의 명령과 거슬리게 된다. 이 점에서 가톨릭의 가르침은 노골적인 모순이 된다. 또한 만일 초대교회가 한편으로는 피를 멀리하라고 하고 다른 한편으로는 그리스도의 실제 피를 마셔야 한다고 가르쳤다면 기독교로 회심하려는 이방인들에게는 매우 혼동이 되었을 것이다.

하나님은 처음부터 인류에게 피를 멀리하라고 명하셨다. "그러나 고기를 그 생명 되는 피채 먹지 말 것이니라"(창 9:4). 모세는 이 명령을 되풀이 하였다. "너희 중에 아무도 피를 먹지 말며 너희 중에 거류하는 거류민이라도 피를 먹지 말라"(레 17:12). "너희는 무엇이든지 피채 먹지 말며"(레 19:26). 선지자들도 하나님의 명령을 되풀이 하였다. "잡아 먹되 피채로 먹어 여호와께 범죄하지 말라"(삼상 14:34).

사도행전에서 유대인 제자들은 거짓을 말하실 수 없고 변하지 않으시는 하나님께서 구약에서 명하신 것을 다시 확인하였다. 그러므로 마지막 만찬을 비유적으로 해석할 때만이 하나님의 모든 뜻과 조화를 이룬다.

14. 고린도전서 11장

성체를 신봉하는 자들 중에는 고린도전서 11장이 화체설을 지지한다고 주장하는 사람들이 있다. 그들은 29절을 언급한다. "주의 몸을 분별하지 못하고 먹고 마시는 자는 자기의 죄를 먹고 마시는 것이니라"(고전 11:29). 그러나 고린도전서 11장을 전반적으로 읽어보면 고린도교회 교인들은 성찬과 일반 식사를 적절하게 구별하지 못하였음을 말해준다. 주님의 몸을 분별하지 못한다는 의미는 빵과 포도주를 그리스도의 몸과 피로 분별하지 못한다는 뜻이 아니라 일반 식사와 분별하지 못한 채 참여했다는 사실을 의미한다.

이것이 성찬과 관련해서 나타난 고린도 교인들의 문제였다. 그들은 합당치 않은 방법으로 성찬을 먹고 마셨는데 그리스도의 몸 된 지체 안에서의 다른 사람들이 성찬에 참여하기도 전에 탐욕스럽게 성찬을 먹고 마시더니 술에 취하였던 것이다. 바울은 이 문제를 20절과 21절에서 언급한다. 사도 바울의 언급 중에는 화체설을 믿거나 가르치려는 암시조차 없다.

바울은 정반대로 축사한 후의 떡은 여전히 일반 떡과 같은 것으로 언급한다(고전 11:26-28). 26절을 보자. "너희가 이 떡을 먹으며 이 잔을 마실 때마다 주의 죽으심을 그가 오실 때까지 전하는 것이니라." 또한 이 구절은 그리스도가 다시 오실 때까지 주의 만찬을 거행해야 한다는 바울의 설명인데, "주님이 다시 오실 때까지"라는 표현은 주님이 위로 올라가셨음을 전제로 하는 말이다.[6] 그러므로 주의 만찬은 주님이 다시 오실 때까지 그의 죽으심과 부활을 기념하는 것이다. 이는 예수께서 성찬을 제정하실 때 하신 "이를 행하여 나를 기념하라"(눅 22:19)는 말씀과 일치한다.

마지막으로, 고린도전서 11장은 성찬을 설명하기 위해 비유적 언어를 사용하고 있다. 잔이 비유적으로 언급된다. "이 잔은 내 피로 세운 새 언약이니"(고전 11:25). 물론 잔 그 자체가 실제 언약일 수 없다. 잔은 언약의 상징일 뿐이다. "너희가 이 떡을 먹으며 이 잔을 마실 때마다 주의 죽으심을 그가 오실 때까지 전하는 것이니라"(고전 11:26). 우리는 분명히 잔을 마시지는 않는다. 이 표현은 잔 안에 있는 포도주를 잔으로 비유하고 있는 것이다.

15. 마무리된 사역

아마도 가톨릭 교리 중에 가장 성령을 훼방하는 가르침은 매일 수천의 가톨릭 사제들에 의해 그리스도가 다시 희생되고 있다는 가르침과 가톨릭 신자들은 성체를 받아 먹음으로 죄 사함을 받을 수 있다는 가르침일 것이다. 다른 말로 하면, 가톨릭교회는 성체는 우리의 죄를 속할 수 있는 희생 제물이라고 가르친다. 그러므로 사제가 제병을 축성할 때마다 그리스도는 매번 고통과 죽음을 당하신다. 가톨릭의 교리문답은 다음과 같다.

> 희생 제물로서의 성체는 산 자와 죽은 자의 죄악을 속죄하기 위해 그리고 하나님으로부터 영적 또는 현실적 유익을 얻기 위해 드려진다.[7]

> 이 신비가 기념될 때마다 "우리의 구속의 역사가 수행된다."[8]

---

6) 벧전 3:21, 22; 마 26:64; 롬 8:34; 엡 1:20;골 3:1; 히 1:3; 9:24, 25; 12:2. 여러 성경 구절이 예수님의 한 몸과 유일한 몸이 하늘에 있다고 말한다.
7) *Catechism of the Catholic Church*, op. cit., para. 1414, p. 395.
8) Ibid., para. 1405, p. 393.

따라서 성체는 십자가의 희생을 다시 드리는 것이기 때문에 희생 제사이다.[9]

위의 가르침은 하나님의 말씀을 노골적으로 부인한다. 예수께서 십자가에서 죽으실 때 주께서는 "다 이루었다"(요 19:30)고 선포하셨다. 주께서 선포하신 단어는 "테텔레스타이"라는 헬라어 단어이다. 이 단어는 '다 지불하였다'라는 의미의 회계 용어이다. 우리의 구원을 위한 일이 마무리되었다! 그리스도께서는 십자가상에서 우리의 구속을 단번에 획득하셨다. 예수께서는 가톨릭교회가 가르치는 것처럼 성체 성사를 통해 계속 희생 제물로 드려질 수 없다. 성체에 참여한다고 해서 하나님을 기쁘게 하거나 죄가 속죄되는 것이 아니다. 당신이 혹시 가톨릭 신자라도 하나님의 말씀을 그대로 받는다면 놀라운 변화와 혁신이 일어날 수 있다.

그리스도께서는 참 것의 그림자인 손으로 만든 성소에 들어가지 아니하시고 바로 그 하늘에 들어가사 이제 우리를 위하여 하나님 앞에 나타나시고 대제사장이 해마다 다른 것의 피로써 성소에 들어가는 것 같이 자주 자기를 드리려고 아니하실지니 그리하면 그가 세상을 창조한 때부터 자주 고난을 받았어야 할 것이로되 이제 자기를 단번에 제물로 드려 죄를 없이 하시려고 세상 끝에 나타나셨느니라. 한 번 죽는 것은 사람에게 정해진 것이요 그 후에는 심판이 있으리니 이와 같이 그리스도도 많은 사람의 죄를 담당하시려고 단번에 드리신 바 되셨고 구원에 이르게 하기 위하여 죄와 상관없이 자기를 바라는 자들에게 두 번째 나타나시리라(히 9:24-28).
제사장마다 매일 서서 섬기며 자주 같은 제사를 드리되 이 제사는 언제나 죄를 없게 하지 못하거니와 오직 그리스도는 죄를 위하여 한 영원한 제사를 드리시고 하나님 우편에 앉으사 그 후에 자기 원수들을 자기 발등상이 되게 하실 때까지 기다리시나니 그가 거룩하게 된 자들을 한 번의 제사로 영원히 온전하게 하셨느니라(히 10:11-14, 18).

---

9) Ibid., para. 1366, p. 380.

이는 그리스도께서 죽은 자 가운데서 살아나셨으매 다시 죽지 아니하시고 사망이 다시 그를 주장하지 못할 줄을 앎이로라. 그가 죽으심은 죄에 대하여 단번에 죽으심이요 그가 살아계심은 하나님께 대하여 살아 계심이니(롬 6:9-10).

그리스도께서도 단번에 죄를 위하여 죽으사 의인으로서 불의한 자를 대신하셨으니 이는 우리를 하나님 앞으로 인도하려 하심이라 육체로는 죽임을 당하시고 영으로는 살리심을 받으셨으니(벧전 3:18).

16. 성육신, 승천, 재림

화체설을 반박하는 많은 성경 구절들이 있다. 예를 들어, 화체설은 성육신과 승천의 성경적 교리를 부정한다. 성경은 우리에게 예수님은 하나님 아버지께서 주님을 위해 준비하신 오직 하나이며 유일한 몸을 가지셨다고 말한다. "하나님이 … 오직 나를 위하여 한 몸을 예비하셨도다"(히 10:5).

더욱이 성경은 우리에게 분명하게 예수님의 하나이며 유일한 영광스러운 몸은 하늘에 있다고 말한다. "그는 하늘에 오르사 하나님 우편에 계시니"(벧전 3:22). "그러므로 너희가 그리스도와 함께 다시 살리심을 받았으면 위의 것을 찾으라 거기는 그리스도께서 하나님 우편에 앉아 계시느니라"(골 3:1). "내리셨던 그가 곧 모든 하늘 위에 오르신 자니"(엡 4:10). 예수님의 몸은 하나이며 그 몸은 하늘에 있다는 구절들은 매우 많다.[10] 만일 예수님의 유일한 몸이 하늘에 있다면 주의 몸은 이 세상의 수천 수만의 감실에 있지 않다.

화체설은 또한 예수님의 재림에 대한 성경의 가르침을 부인한다. 많은 가톨릭 신자들은 예수 그리스도께서 몸을 입고 이 땅에 가시적으로 다시 오실 것을 믿지만 동시에 그들은 그리스도께서 먼저 "성체 형태"로 오실 것을 믿

---

10) 마 26:64; 막 14:62; 16:19; 눅 22:69; 행 2:33; 7:55-56; 롬 8:34; 엡 1:20; 2:16; 골 3:1; 히 1:3; 8:1; 9:24, 25; 10:12; 12:2; 벧전 3:22

고 있다.[11] 그러나 성경은 이러한 생각을 분명하게 거절한다.

> 이 말씀을 마치시고 그들이 보는데 올려져 가시니 구름이 그를 가리어 보이지 않게 하더라. 올라가실 때에 제자들이 자세히 하늘을 쳐다보고 있는데 흰 옷 입은 두 사람이 그들 곁에 서서 이르되 갈릴리 사람들아 어찌하여 서서 하늘을 쳐다보느냐 너희 가운데서 하늘로 올려지신 이 예수는 하늘로 가심을 본 그대로 오시리라 하였느니라(행 1:9-11).
>
> 볼지어다 그가 구름을 타고 오시리라 각 사람의 눈이 그를 보겠고 그를 찌른 자들도 볼 것이요(계 1:7).
>
> 보라 주께서 그 수만의 거룩한 자와 함께 임하셨나니 이는 뭇 사람을 심판하사(유 1:14-15).

예수님은 몸을 입고 승천하셨으며 다시 오실 때도 제병의 형태가 아니라 영광스러운 몸으로 오실 것이다. 더욱이 성경은 그의 신체적 몸은 우리의 몸처럼 어떤 주어진 시간에 한 장소에 속한 것으로 생각한다. 그러므로 화체설은 비성경적이다.

성경의 마지막 책인 요한계시록에는 주님의 재림에 대해 다음과 같이 설명하며 확증한다.

> 또 내가 하늘이 열린 것을 보니 보라 백마와 그것을 탄 자가 있으니 그 이름은 충신과 진실이라. 그가 공의로 심판하며 싸우더라. 그 눈은 불꽃 같고 그 머리에는 많은 관들이 있고 또 이름 쓴 것 하나가 있으니 자기밖에 아는 자가 없고 또 그가 피 뿌린 옷을 입었는데 그 이름은 하나님의 말씀이라 칭하더라. 하늘에 있는 군대들이 희고 깨끗한 세마포 옷을 입고 백마를 타고 그를 따르더라(계 19:11-14).

---

11) 제11과 "그리스도의 성체적 통치"를 참조하라.

17. 신비와 기적들

가톨릭교회는 미사를 신비라고 언급하면서 화체설에 대해 성경적으로 그리고 논리적으로 설명할 수 없도록 만든다. 그러나 성경은 성찬을 신비라고 언급하지 않으며 우리도 그렇게 여기지 않는다. 복음의 순수성과 단순성을 오염시켜서는 안 된다는 성경의 경고를 기억해 보자.

> 뱀이 그 간계로 하와를 미혹한 것 같이 너희 마음이 그리스도를 향하는 진실함과 깨끗함에서 떠나 부패할까 두려워하노라(고후 11:3).

사제가 떡을 축성할 때 아무런 일도 발생하지 않는다. 떡은 여전히 실제 떡처럼 보이고 맛도 떡이며 냄새도 떡이고 만져보아도 떡이다. 외부적 증거들에 의해 아무런 일이 발생하지 않았으면 결코 성경이 말하는 기적이 될 수 없다. 성경적 기적은 언제나 실제였으며 따라서 증명이 가능했다. 모세는 실제로 홍해를 갈랐다. 모세는 백성들에게 홍해가 갈라지기 전에 건너가라고 부탁하지 않았다. 엘리야는 실제 불을 하늘에서 내려오게 하여 거짓 선지자들을 기겁하게 만들었다. 예수님은 실제로 병자를 고치셨으며 문둥병 환자를 깨끗하게 하셨고 죽은 자를 일으키셨다. 하나님은 결코 인류에게 가상적 "기적들"을 일으키신 적이 없다.

혹자는 영성체가 그리스도의 실제 몸과 피라는 증거로서 보고된 성체 기적들을 가리킨다. 그러나 성경은 마지막 날에 그러한 미혹들이 많이 발생할 것이라고 경고하고 있다.

> 거짓 그리스도들과 거짓 선지자들이 일어나 큰 표적과 기사를 보여 할 수만 있으면 택하신 자들도 미혹하리라. 보라 내가 너희에게 미리 말하였노라. 그러면 사람들이 너희에게 말하되 보라 그리스도가 광야에 있다 하여도 나가지 말고 보라 골방에 있다 하여도 믿지 말라(마 24:24-26).

수천 수만의 가톨릭교회의 감실 안에 있는 성체 예수는 많은 거짓 선지자들이 주장하는 거짓 그리스도다. 더욱이 우리가 앞으로 살펴보겠지만, 많은 거짓 기사와 이적들이 성체 현시(聖體顯示) 및 숭배와 동반하여 나타나고 있다. 성경은 놀랄 필요도 없이 이러한 성체 기적의 물증들은 사탄적 기원을 가지고 있음을 알려준다.

18. 피 없는 희생제물

가톨릭교회는 성체는 피 없는 희생 제물이며 그 안에서 그리스도께서 실제로 희생 제물로 드려진다고 가르친다. '호스트'(Host, 제병)라는 용어는 희생물을 뜻하는 라틴어에서 파생되었다. 그러므로 제병을 드리는 것은 죄악을 속하기 위해 피 없는 방법으로 그리스도의 희생이 계속 드려지고 있다는 것이다. 그러나 성경은 명료하게 피 흘림이 없이는 죄 사함이 없다고 말한다.

> 피 흘림이 없은즉 사함이 없느니라(히 9:22).
> 육체의 생명은 피에 있음이라 내가 이 피를 너희에게 주어 제단에 뿌려 너희의 생명을 위하여 속죄하게 하였나니 생명이 피에 있으므로 피가 죄를 속하느니라(레 17:11).

더욱이 성경에는 떡이나 포도주를 희생 제물로 언급한 적이 없다. 마지막 만찬에서도 주님께서는 제단이 아니라 식탁에서 떡과 포도주를 취하셨다. 성경에서 희생 제물은 제단에서 드려진다. 하나님은 유대인들에게 오직 하나의 제단만 있어야 한다고 명하셨다.[12] 예수님의 유대인 제자들은 분명히 이 사실을 알고 있었다. 하나님으로서의 예수님은 자기 자신에게 모순이 되도록 하지 않으실 것이다. 식탁은 음식을 위한 것이며, 제단은 희생을 위한 것이다.

---
12) 신 12:5-14; 출 20:24-26; 수 22:16.

19. 영원한 결말

분명히 가톨릭의 성체교리는 하나님의 말씀과 위배된다. 그렇다면 이 교리의 오류는 얼마나 심각한 것인가? 이 교리의 오류는 영원한 운명을 좌우할 만큼 심각한 것인가? 아이러니하게도 이전에는 개신교 신자였지만 지금은 가톨릭 성체의 강력한 지지자가 된 피터 크리프트로부터의 다음 인용은 이 믿음에 순응하는 결과와 그 중요성을 정확하게 표현하고 있다.

> 성체가 가르는 지점이 얼마나 대단한지! 둘 중에 하나는 매우 잘못되어 있다. 나는 전에 개신교 신자들이 옳다고 생각했다. 가톨릭 신도들은 빵과 포도주를 하나님으로 숭배하는 무서운 우상 숭배의 죄악을 범하고 있다고 생각했다. 그러나 가톨릭이 옳다면 개신교 신자들은 그리스도가 계신 곳에서 주님을 숭배하기를 거절하는 엄청난 실수를 하는 것이다. 또한 우리의 삶 가운데서 영성체를 통해 가능한 그리스도와의 가장 실제적인 존재적 연합을 놓치는 것이다.[13]

크리프트가 쓴 내용을 그대로 반대편에서 고려해 보자. 만일 가톨릭이 그들의 성체에 대한 믿음과 숭배에 있어서 틀리다면 그들은 우상 숭배의 죄를 짓는 것이다. 그들은 십계명의 첫째와 둘째 계명을 노골적으로 어기게 되는 것이다(출 20:3-5).

우리는 성경의 참된 예수님을 믿으며 오직 그분께만 모든 예배를 드려야 한다. 예수께서는 많은 거짓 그리스도들이 등장할 것이라고 경고하셨다. 그렇다면 자신을 그리스도인으로 고백하는 모든 사람마다 거짓 그리스도의 등장을 분별할 수 있도록 성경을 부지런히 연구해야 하지 않을까? 하나님의 원함은 다음과 같다.

---

13) Peter Kreeft, *Ecumenical Jihad* (Ignatius Press, San Francisco, 1996), pp. 159, 160.

너희가 온 마음으로 나를 구하면 나를 찾을 것이요 나를 만나리라(렘 29:13).
사람이 떡으로만 살 것이 아니요 하나님의 입으로부터 나오는 모든 말씀으로 살 것이라(마 4:4).
그들을 진리로 거룩하게 하옵소서 아버지의 말씀은 진리니이다(요 17:17).

이 뿐만 아니라 우리는 복음 그 자체가 어떻게 영향을 받게 되는지 점검해 볼 필요가 있다. 성경적인 복음은 예수께서 세상의 죄악을 위해 단번에 죽으셨다고 가르친다. 주님은 주의 피를 흘리심으로 죄 값을 다 치루셨다고 말한다. 누구든지 믿음으로 주님을 영접하기만 하면 영생이 거저 주어지도록 약속되어 있기 때문에 거듭나게 된다. 구원은 결코 우리 자신의 행위에 따른 것이 아니다.

그러나 이와는 정반대로 가톨릭의 구원의 길은 그리스도의 속죄를 지적으로는 믿지만 믿음만으로 주의 속죄를 취하려 하지 않는다. 그들의 구원은 오히려 성사 성례에 얼마나 참여하는가에 크게 달려 있다. 이에 대해 볼티모어 교리문답은 다음과 같이 설명한다. "교회는 신자들을 위해 새 언약의 성사들이 구원을 위해 필요하다는 사실을 확증한다."[14] 결과적으로, 가톨릭의 구원은 각 개인의 행위에 달려 있으며 따라서 가톨릭교회는 아무도 자신의 구원에 대해 확신할 수 없다고 가르친다. 만일 구원의 확신을 가지면 이는 추측의 죄에 해당한다.

복음을 제시하면 가톨릭 신자들은 종종 이렇게 답변한다. "나는 거듭날 필요가 없습니다. 나는 가톨릭 신자예요." 이렇게 대답하는 이유는 그가 영세를 받았기 때문이다. 그들은 자신들은 이미 그리스도인이라고 믿으며 자라왔다. 그들은 성사 성례(특히 성체 성사)에 참여함으로써 영생을 확보하려고 한다. 즉, 구원은 성례에 참여하는 책임을 얼마나 잘 감당하는지에 달려 있다. 그러나 이러한 가르침은 오직 믿음만으로 은혜를 얻어야 한다는 성경적 가르침에 정반대가 된다. 빵을 떼어서 하나님이 의도하시지도 않은 높은

---

14) *Catechism of the Catholic Church*, op. cit., para. 1129, p. 319.

위치로 그 빵을 들어올려 축성하면서 가톨릭교회는 빵을 신격화하여 가짜 그리스도로 만드는 실수를 범하고 있다. 가짜 그리스도의 가짜 현존은 거듭남의 체험을 대신하였으며 사람들에게 다른 예수에 대한 거짓 소망을 제시하고 있다.

제 5 장
성광(聖光, Monstrance) – 그리스도 안치기?

    수억만의 가톨릭 교인들은 그들의 믿음과 예식에 있어서 성체를 매우 중요한 위치에 둔다. 더욱이 가톨릭교회는 비가톨릭을 향한 선교의 수단으로서 성체를 매우 강하게 강조한다. 미사의 핵심은 화체설, 즉 빵과 포도주가 실제 예수님의 몸과 피로 바뀐다는 기적의 확실성에 그 기반을 두고 있다. 가톨릭교회는 축성된 제병에 예수 그리스도께서 실제 몸과 영혼과 피와 신성으로 계신다는 사실을 믿고 가르친다. 오직 안수를 받은 가톨릭 사제들만이 화체의 기적을 일으킬 수 있는 능력이 있다고 주장한다. 더욱이 영성체를 먹은 사람은 자신 안에 그리스도가 있게 되는데 그 이유는 그들이 예수님의 몸을 먹었기 때문이다. 가톨릭 믿음에 따르면 이러한 가르침을 믿어야만 참된 가톨릭 신자가 될 수 있다.

    가톨릭 신학자들은 이러한 사상들이 성경에 의해 지지된다고 주장하지만 빵 부스러기를 예배하는 것은 분명히 성경의 가르침에 왜곡된다. 예수님은 그의 제자들에게 주께서 십자가상에서 이룬 완전한 희생을 빵과 포도주를 취하여 기념하도록 하셨다. 구원은 언제나 예수께서 십자가상에서 완성하신 사역의 빛 가운데서 이해되어야 한다. 구원은 신비한 능력을 가진 소수 집단이 제병의 형태로 주님을 나타나게 하는 예식과는 전혀 관계 없다. 히브리서 10:1-4은 제사장에 의해 반복되는 희생 제물로는 실제로 죄를 제거

할 수 없으며 구약의 반복적 희생 제사는 단지 앞으로 임할 다시는 반복될 필요가 없는 예수님의 완전하고 완벽한 희생을 예시하는 역할을 할 뿐임을 가르친다.

성체 그리스도는 가톨릭교회가 지지하는 예수인 것이 확실하다. 그러나 만일 그 가르침이 잘못된 것이라면 그 결과는 매우 심각할 것이 자명하다.

성체 그리스도의 또 다른 면에 대해 언급할 필요가 있겠다. 가톨릭교회는 그리스도가 빵과 포도주의 형태로 제단 위에 현존할 뿐만 아니라 주님의 현존은 성광(Monstrance)이라고 불리는 기구에 담겨 숭배를 받을 수 있다고 가르치며 장려한다. 성광이라는 단어나 개념은 성경에서 전혀 찾아볼 수 없다. 하나님이 사람이 만든 기구에 담겨 전시될 수 있다는 생각은 하나님의 말씀을 노골적으로 부인하는 것이다.

> 우주와 그 가운데 있는 만물을 지으신 하나님께서는 천지의 주재시니 손으로 지은 전에 계시지 아니하시고(행 17:24).

1. 예수님을 전시한다?

성광이라는 용어를 처음 알게 되었을 때가 생생하게 기억난다. 그 당시 나는 『새 포도주와 바벨론 포도나무』라는 책을 쓰기 위해 연구를 하고 있었다. 나는 동정녀 마리아의 초자연적인 출연에 대한 여러 책자들과 팸플릿 등을 모아서 살펴보고 있었다.

그 책자들 중 하나에서 나는 성광이라고 불리는 흥미로운 물체의 사진을 보게 되었다. 나는 이 물체를 한 번도 본 적이 없었다. 성광의 모양

성광

은 당장 내 관심을 끌었다. 그 물체는 십자가, 햇살, 달의 모양의 장식으로 둘러싸여 있었으며 중앙에는 제병을 담는 공간이 있었고 그 공간을 볼 수 있도록 둥근 유리창이 있었다.

후에 나는 성광은 미사의 가장 중요한 요소라는 사실을 발견하였다. 성광은 가톨릭교회가 성변화된 제병을 전시하기 위해 고안된 용기였다. 따라서 그 용기는 숭배와 예배의 대상이었다. 가톨릭 교리문답은 성광을 다음과 같이 정의한다.

> 보통 금이나 귀금속으로 만들어지며 영광된 성체를 전시하기 위해 사용된다. 주요 부분은 둥근 유리인데 그것을 통해 성변화된 제병이 보인다. 이 둥근 유리 주변으로는 금빛 햇살의 금속이 있다. 십자가의 모습이 용기를 덮고 있으며 아래는 둥근 바닥의 받침대가 이 용기를 받들고 있다.[1]

2. 성광에 대한 가톨릭의 설명

만일 성경에 성광에 대한 언급이 없다면 가톨릭 사람들은 성광의 기원에 대해 무엇을 가르치며 또한 어떻게 성광을 받아들이게 된 것일까?『가톨릭 백과사전』은 성광이라는 아이디어는 13세기 말이나 14세기 초에 시작된 것으로 설명한다. 이 아이디어는 "영광된 성체를 보는 행위는 대중의 마음 속에 특별한 덕과 유익을 준다는 생각을 확고하게 하였다."[2] 추가적인 설명을 보자.

> 극단적으로는 다음과 같은 생각까지 할 수 있다. 즉, 미사에 참석할 때 가장

---

1) Joan Carroll Cruz, *Eucharistic Miracles*, op. cit., pp. xxi-xxii.
2) *The Catholic Encyclopedia* (Volume XI, 1911, Robert Appleton Company, Online Edition, Copyright 2003 by K. Knight Nihil Obstat, February 1, 1911. Remy Lafort, S.TA.D., Cneso Imprimatur, John Cardinal Farley, Archbishop of New York).

중요한 부분은 거양되는 제병을 보는 것이다.

스페인의 어떤 교회에서는 검은 벨벳의 스크린을 제단 뒤에 두는데 그 이유는 사제의 손과 제병이 멀리서도 더 쉽게 보이게 하기 위해서다. 어떤 다른 교회들에서는 미사를 돕는 보미사에게 엄격한 명령이 주어지는데 절대로 향로에서 나오는 연기가 제병을 보이지 않게 막는 일이 없도록 해야 한다. 더욱이 우리는 사람이 죽어가거나 어떤 이유든 구토로 인해 거룩한 노자성체(Viaticum)를 받을 수 없을 때 영광된 성체를 그들에게 가져가서 그들 앞에 치켜들어 그들이 볼 수 있게 해야 한다. …

이러한 아이디어의 영향으로 1246년에 성체성혈대축일(the feast of Corpus Christi)이 제정된 이후로 행렬이 일반화되면서 투명한 용기에 복된 성체를 넣게 되었는데 그 용기가 바로 지금의 성광과 같은 모양이었다. 더욱이 교회 내에 이 영광된 성체를 진열하는 관습이 생겨나 전 세계로 퍼지게 되었다. 특히 독일에서 성광을 사용하여 성체를 교회 내에 보관하기 시작했다. … 중부 유럽에는 이러한 많은 실례들이 아직 남아 있다.

따라서 부분적으로는 종교 회의의 칙령에 의해 제지된 부분도 있지만, 대체로 복된 성체가 존속하는 동안 성체를 전시함으로써 여러 교회 기능 및 특히 미사 자체에 엄숙함을 더하는 관습이 많이 발전하였다.[3]

우리는 이제 성경이 아니라 전통에 기초한 믿음이 심각한 미혹에 문을 열 수 있다는 사실을 자명하게 알게 되었다. 성경은 이러한 미혹은 사람들이 구원을 받지 못하도록 하는 그러한 종류의 미혹이라고 경고한다. 이 장에서 우리는 어떻게 인간의 전통이 전혀 성경적 동기나 성경적인 근거 없이 성광을 만들어내는 자리까지 도달하였는지 살펴보았다. 제병은 숭상과 예배를 받는 물체로 발전하였고 성경에 위반되는 구원의 길을 만들어냈다. 성경은 그리스도만을 믿는 믿음에 의해 의롭게 될 수 있음을 가르치는 반면, 가톨

---

3) Ibid.

릭은 성사 예식에 참여하는 것을 구원의 기초로 삼았다. 성경적 믿음은 이제 신비한 방법으로 죄를 없앨 것이라고 간주되는 끊임없는 성사 참여로 대치되었다. 하지만 성사는 결코 참여자들에게 구원의 확신을 주지 못한다.

Another Jesus?

제 6 장
새 선교

그리스도인이 선교를 말할 때 그 의미는 보통 지상 명령(the Great Commission)을 이루려는 노력을 뜻한다. 예수께서는 승천하시기 직전에 모든 신자들에게 복음을 선포하라고 부탁하셨다. "너희는 온 천하에 다니며 만민에게 복음을 전파하라"(막 16:15).

예수 그리스도의 복음은 매우 간단하다. 심지어 어린이들도 이해할 수 있는 메시지다. 복음은 하나님께서 우리를 죄로부터 구원하시는 계획에 대한 것이다. 인류의 타락 이후 모든 사람은 죄로 인해 창조주 하나님으로부터 분리된 채 이 세상에 태어난다. 약 2,000년 전에 하나님의 아들 예수 그리스도는 동정녀에게서 태어나심으로 초자연적으로 이 땅에 오셨다. 예수께서는 이 땅에 계시는 동안 죄 없는 삶을 사셨다. 주님은 갈보리 십자가상에서 죽으셨고 주님의 피는 우리의 죄악을 위해 희생 제물로 뿌려졌다. 누구든지 예수님을 믿으면(즉, 예수님이 누구이신 것과 예수님의 하실 일을 믿으면) 우주의 창조주이신 하나님과 관계를 맺을 수 있게 된다. 일단 관계가 맺어지면 그 관계는 영원이 이어진다. 이것이 간단한 복음이다.

불행하게도, 사탄은 언제나 복음을 복잡하게 만들려는 계획을 가지고 있으며 사람들을 혼동시켜 추가 복음이나 축소 복음을 믿게 만든다. 바울은 고린도 교인들과 갈라디아 교인들에게 "다른 복음"에 의해 미혹되지 말 것을 경고하였다(고후 11:4; 갈 1:6). 사탄은 간교한 궤계자다. 구세주의 이름으로 사람을 속이는 일은 마귀의 궁극적인 계획의 한 부분이다.

복음이라는 딱지가 붙어있다고 해서 참된 복음이 되는 것은 아니다. 더욱이 거짓 복음에 기초한 선교는 사람들에게 천국에 들어갈 수 있는 길이라고 미혹하지만 사실은 지옥으로 보내고 있다.

이 장에서 우리는 현재 가톨릭교회에 의해 추진되고 있는 "새 선교" 프로그램을 다루어 보려고 한다. 이 프로그램은 세상을 그리스도, 즉 성체 그리스도께로 이끌기 위해 만들어진 것이다.

1. 새 선교란 무엇인가?

책이나 기사를 읽다가 당신이 한 번도 들어보지 못한 용어를 접한 적이 있는가? 그런데 불현듯 그 용어의 의미를 깨닫게 된 적이 있는가? 마치 전등의 스위치가 켜지면 어두운 방이 밝아지는 것처럼 당신이 들은 용어의 뜻이 갑자기 분명해진 적이 있는가? 내 경우는 "새 선교"라는 용어를 접하게 되었을 때 정신이 번뜩 들었다.

나는 「제니트」(Zenit, 로마교회가 보는 세상에 대한 관점)에서 발행된 기사를 읽고 있었다. 그 내용은 교황 요한 바울 2세가 성체에 대해 발언한 것을 기사화한 것이었다. 교황의 성체에 대한 발언이기 때문에 그 기사는 당장 내 관심을 끌었다. 그 기사의 제목은 "왜 교황이 성체에 대한 회람 서신을 쓰려는 것일까: 경이로움을 다시 불타게 하기 위해서"[1]라고 되어 있었다.

나는 2000년 6월의 성체 대회에서 교황이 가톨릭교회의 선교 비전의 초점을 성체에 둘 것을 선포한 사실을 잘 알고 있었지만 교황이 "경이로움을 다시 불타게 하기 위해서" 성체에 관한 회람 서신을 썼다는 사실은 내게 새

---

1) *Zenit: The World Seen From Rome*, "Why the Pope Would Write an Encyclical on the Eucharist: To Rekindle Amazement," (cited April 17, 2003, http://www.zenit.org/english).

로웠다. 교황의 발언은 매우 많은 것을 말해주고 있었다.

> 교회가 성체 안에 실제로 현존하시는 그리스도를 묵상하고 그분과 깊은 관계에 들어갈 수 있을 때만이 새 선교의 도전에 착수할 수 있다.[2]

교황의 이 언급은 나의 수수께끼를 푸는 데 도움을 주었다. 즉 새 선교 프로그램은 성체 그리스도와 직접 연결되어 있다는 사실이었다.

더욱이 「제니트」의 기사는 교황이 이 프로그램이 어떻게 진행되기를 원하는지에 대해 구체적인 정보를 주었다.

> 나는 내가 희년의 유산으로 이미 교회에 남긴 교황 서한 "새 천년기"와 "새 천년의 왕관 쓰신 마리아" 그리고 "동정녀 마리아께 드리는 로사리오"에 이어 이번 이 회람 서신을 통해서 다시 성체적 "경이로움"을 불타오르게 하고 싶다. 그리스도의 얼굴을 묵상하고 또한 그 얼굴을 마리아와 함께 묵상하는 것은 새 천년기가 떠오를 때 내가 교회 앞에 세운 프로그램이다. 나는 교회가 새 선교의 열정으로 역사의 깊은 바다를 향해 나아갈 것을 호소한다.[3]

새 선교 프로그램이 성체 성사와 깊게 관련되어 있음을 확실하게 하기 위해 교황은 다음과 같이 결론을 내렸다.

> 그리스도를 묵상한다는 것은 주님께서 어느 곳이던 여러 형태로 자신을 드러내실 때 그분을 알아볼 수 있어야 함을 포함한다. 무엇보다 주의 살과 피가 살아있는 성사에서 주님을 인식할 수 있어야 한다. 교회는 성체 안에 계신 그리스도로부터 교회의 생명을 가져오며 성체 그리스도에 의해 교회는 자양분을 받고 성체 그리스도에 의해 계몽된다.[4]

---

2) Ibid.
3) Ibid.
4) Ibid.

2. 새 선교에 관한 사실들

나는 새 선교 프로그램에 대해 더 알아보기 위해 정보들을 더 찾아보기로 했다. 나는 쉽게 그러한 프로그램을 확인할 수 있는 많은 자료들을 찾을 수 있었다. 특히 매우 유용한 글을 하나 발견했는데 그 글은 EWTN(영생의 말씀 텔레비전 네트워크) 웹 사이트에 실려 있었다. "새 선교: 사랑의 문명 세우기"라는 제목하에 다음과 같은 글이 있었다.

거룩하신 아버지(교황)께서 제3천년을 복되신 동정녀 마리아에게 의탁하신 것처럼 EWTN은 새 선교를 위한 특별 사이트를 정식으로 시작한다. 이 사이트는 오대륙에 걸친 가톨릭 믿음에 관한 정보를 여러분에게 계속 알리는 작업을 할 것이다. 우리가 이곳에서 제공하는 교회 회의에 대한 정보가 선교의 사명을 가진 분들에게 도움이 되기를 바란다. 사실, 이 사명은 우리 모두가 적어도 기도로 동참해야 하는 사명이다. 역사, 통계 및 경건에 대한 자료들은 모든 방문자들에게 교회의 우주성과 그 사명을 느끼게 할 것이다.[5]

추가로 언급된 매우 중요한 내용은 다음과 같다.

---

5) "The New Evangelization: Building the Civilization of Love," cited April 2003, online posting: www.ewtn.com/new_evangelization/introduction.htm, Eternal Word Television Network.

선교의 수호 여성, 성 리지외의 테레사(St. Therese of Lisieux)의 보호 아래 교황이 새 선교를 위임한 과달루페의 성모는 하나님의 성령으로 교회가 소망 가운데 바라보는 새 오순절을 가져올 것이다.[6)]

위의 언급은 선교 때문에 열광적으로 가톨릭과 손을 잡기를 원하는 개신교도들에게는 깜짝 놀랄 만한 정보다. 가톨릭 프로그램은 "과달루페의 성모"에게 맡겨져 있다. 더욱이 "새 오순절"이 무엇을 뜻하는지 점검해야 한다. 우리는 바울의 말을 기억해야 한다. 바울은 고린도 교회에 "다른 예수"와 "다른 복음"과 관련해서 "다른 영"에 대해 경고한다.

3. 새 선교를 위한 선교사들

2000년 12월 12일, 요셉 랏징거 추기경[8)]은 교리 교사들과 종교 선생들에게 새 선교 프로그램에 대해 언급하였다.

> 교회는 언제나 선교를 해야 하며 선교의 길을 결코 멈출 수 없다. 교회는 매일 성체의 신비를 기념하며 성사를 거행하고 하나님의 말씀인 생명의 말씀을 선포해야 한다.
> 그러나 걱정스럽게도 비기독교화 과정이 진보하고 있고 인간의 기본 가치는 상실되어가고 있다. 오늘날 많은 인류가 교회의 영구적인 선교에서 복음을 찾지 않고 있다.[9)]

---

6) Ibid.
7) Roger Oakland, *New Wine and the Babylonian Vine* (Santa Ana, CA: Understand the Times, 2002), pp. 243-264.
8) 요셉 랏징거 추기경은 2005년에 교황 베네딕트 16세가 되었다. 그는 가톨릭교회의 265번째 교황이다.
9) Joseph Cardinal Ratzinger address on December 12, 2000, http://www.ewtn.com/new_evangelization/Ratzinger.htm, accessed 09/2007.

추기경의 언급은 이 과의 앞부분에 인용된 교황의 언급을 더욱 의미있게 만든다. 만일 가톨릭교회가 2000년의 "새 선교"를 위한 선교의 방법을 찾기 시작했다면 분명히 지금쯤은 그 방법이 발견되어 승인되었을 것이다. 우리는 교황이 새 선교와 관련해서 "성체적 경이로움을 다시 타오르게 할 것"을 요청했다는 점을 기억해야 한다.

4. 추가 증명

성체가 새 선교를 이해하는 핵심이라는 사실을 말해주는 또 다른 증명은 「엔보이 매거진」에 실린 광고 내용이었다. 2003년에 발행된 잡지의 9쪽에 내 관심을 끄는 광고문이 실려 있었다. "당신은 새 선교를 위한 우리의 거룩하신 아버지의 요청에 응답하겠는가?"[10] 이 제목하에 다음 정보가 게재되어 있었다.

> 가톨릭의 믿음의 선물은 그만큼 위대하기 때문에 우리는 그 선물을 나누어야 하는 중대한 책임이 있다. 가톨릭의 비영리 선교 사도직인 교황 재단 자녀들(The Children of the Father Foundation)은 올해에 10만 권의 무료 책자와 테이프 및 팜플렛을 나누어주고 있다. 당신은 세 가지 방법으로 강력한 이 선교 노력을 지원할 수 있다.
>
> • 무료 책자들을 지역과, 직장 동료들, 가족과 친구들에게 나누어주라.
> • 비형식적인 기도 모임인 "성모의 친구들" 기도 그룹에 가입하라.
> • 우리가 무료 배포를 위한 추가 선교 자료들을 구입할 수 있도록 도우라.[11]

그러나 정말로 내 관심을 끌었던 것은 이 광고의 표지 부분이었다. 표지

---

10) *Envoy Magazine*, Volume 7.2, 2003, p. 9.
11) Ibid.

제목은 가톨릭 사제 스테파노 마넬리에 의해 지어졌는데, "가장 복되신 성례: 우리 주님은 참으로 현존하신다: 당신을 지금으로부터 영원토록 행복하게 만드는 몸, 영혼, 신성으로 현존하신다!"라고 되어 있었다. 그 책의 앞표지에는 성광이 찍혀 있었다. 성광 안에 보통 제병이 놓이는 위치에는 실제 얼굴(아마 예수님의 얼굴일 것이다)이 놓여 있었다.

나는 그 책자를 구입하여 샅샅이 읽으면서 여러 중요한 언급들을 발견할 수 있었다. 예를 들면 다음과 같다.

> 질문을 해 보자. 성체가 무엇인가? 성체는 우리 중에 계신 하나님이다. 성체는 주의 몸, 피, 영혼, 신성으로 우리 교회들의 감실 안에 현존하시는 주 예수님이시다. 성체는 빵의 모양하에 감춰진 예수님이시며 성변화된 제병은 실제이며 물리적인 예수님이시다. 따라서 주님은 우리 가운데 거하시며 우리 내부에서 우리를 위해 역사하신다. 그리고 성체는 우리의 처분에 달려있다. 성체적 예수는 참된 임마누엘, 즉 "우리와 함께 하시는 하나님"이시다 (마 1:23).[12]

다음 언급은 성경의 기초마저 도전한다.

> 예수님은 성찬과 함께 우리 마음속에 들어오며 또한 빵처럼 보이는 성변화된 제병이 우리 뱃속에 남아 있는 한 예수님은 육체적으로 우리 안에 계신다. 즉, 약 15분 동안 주님은 우리 뱃속에 있다. 이 기간 동안 성령은 내 주변의 천사들에게 쉬임 없이 주님을 숭배하고 사랑하기를 계속하도록 가르치신다. 성 버나드는 글로 남기길, "예수님이 육체적으로 우리 안에 계실 때, 천사들이 사랑의 수호자로서 우리를 둘러싼다"라고 하였다.[13]

세 번째 언급은 성체적 그리스도에게로 강력하게 이끄는 어떤 강한 영적

---

12) Fr. Stephano Manelli, O.F.M., *The Most Blessed Sacrament* (Havertown, PA: Children of the Father Foundation, 1973), p. 4.
13) Ibid.

체험을 나타내는 것 같았다.

> 모든 성자들은 체험을 통해 성체 성사의 신적인 기이함과 성체를 통한 그리스도와의 연합을 이해하였다. 그들은 경건한 영성체는 주님에 의해 사로잡히는 것이며 또한 주님을 소유하는 것임을 이해하였다. 한번은 성녀 젬마 갈가니(St. Gemma Galgani)가 다음과 같은 글을 썼다. "밤이 다가오고 내일 아침이 다가오면 예수님은 나를 소유하실 것이고 나는 예수님을 소유할 것이다." 주님이 내 안에, 내가 주님 안에 있는 것보다 더 심오하고 완전한 연합이 어디 있을까? 서로가 서로 안에 있다. 우리가 이보다 무엇을 더 원할 수 있겠는가?[14]

5. 성체에 대한 새로운 초점

가톨릭 헤럴드 기자 러셀 쇼는 "성체에 대한 새로운 초점"이라는 기사를 썼는데 이 기사는 2003년 10월 2일에 인터넷에 올랐다. 러셀 쇼는 그 글에서 교황 요한 바울에 의해 추진되는 여러 행사들을 요약하면서 다음과 같은 매우 중요한 질문을 던졌다.

> 최근에 교황 요한 바울과 바티칸은 평소보다 훨씬 더 높은 관심을 성체에 쏟고 있다. 지금 그들은 현저하게 더 많은 헌신을 쏟는다. 이때 우리에게 분명한 질문이 생긴다. 왜?
>
> 한 가지 분명한 신호는 요한 바울이 지난 성 목요일에 발행한 "교회는 성체 성사로 산다 - 성체에 대해 그리고 성체와 교회의 관계에 대해"라는 회람 서신이다. …
>
> 그렇다면 다음해 또는 2005년 초에 열릴 세계 주교 회의의 총회도 성체에 대해

---
14) Ibid.

제6장 새 선교 • 87

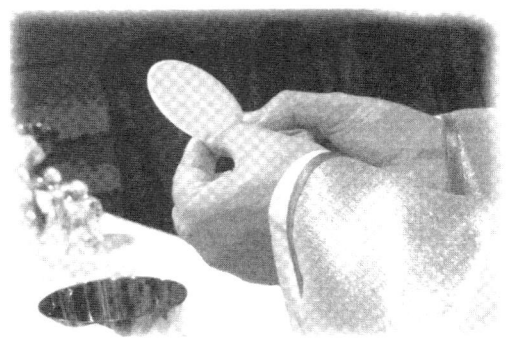

다룰 것이 분명하다.

교황의 관심에 대한 모든 아우성을 고려할 때 복된 성사에 대해 토의하는 데 드는 시간과 정열은 대단하다. 그 이유가 무엇인가?[15]

나는 "영속적인 성체 숭배"로 불리는 또 다른 웹 사이트에서 두 개의 흥미로운 내용을 발견하였는데 그 내용은 위의 러셀 쇼의 질문에 답변을 주는 듯했다. "복된 성사의 북미 선교 사도직"으로 묘사된 이 그룹은 가톨릭교회에 의해 법적으로 인가된 새 선교 프로그램의 목표들을 더욱 정의하고 있었다.

우리는 영속적 숭배가 요구하는 규칙적 성체 숭배 수행에 근본적으로 반응해야 한다. 우리의 수행은 교황의 요청에 "자비와 거룩"으로 반응하게 만든다. 성체 숭배는 우리의 마음을 "정결케 하는 은혜를 향해 겸손과 자비와 개방의 새 자세"로 가득 채운다. 성체 숭배는 그리스도 안에서 모든 것을 회복하도록 돕게 될 "새 선교"를 위해 우리를 준비시킬 것이다.

성체에 대한 교황 회람 서신 "주님의 만찬"에서 교황 요한 바울 2세는 "우리의 숭배가 멈추지 않기를"이라고 말하였다. 이것이 영속적 숭배다. 결코 멈추지 않는 숭배이다. 따라서 우리는 영속적 숭배를 퍼뜨리기 위해 계속 수고해야 한다. 그래서 이 세상의 모든 교구에서 영속적 숭배가 있기를 원하는 교황의 소원이 이루어지도록 해야 하며 새 천년의 그리스도인들이 흠 없는 성모 성심의 승리와 그리스도의 성체적 통치를 증거할 수 있도록 해야 한다.[16]

---

15) Russell Shaw, "New Focus on the Eucharist" (*Catholic Herald*, October 2003, http://www.catolicherald.com/shaw/shaw03/shaw1002.htm, accessed 08/2007).

16) "The Eucharist in the New Millennium" (Newsletter of the North American Apstolate of the Missionaries of the Blessed Sacrament, Winter/Spring 2000, Vol. 15, No. 1, http://

새 선교 프로그램이 성체적 경이로움을 다시 불타오르게 하기 위해 성체 숭배를 사용하지 않겠는가? 더 많은 사람들이 체험에 의해 성체 그리스도에게로 이끌리지 않겠는가? 성경으로 지지를 받을 수 없는 체험에 기초한 기독교는 사람들을 미혹으로 이끄는 가장 강력한 길 중에 하나가 될 것이다. 만일 새 선교가 사람들을 성체 그리스도에게로 이끌면서 치유, 기적, 기사와 표적들을 병행한다면 이 미혹의 잠재력은 엄청나지 않을까? 이 질문에 답변하기 위해 우리는 성체 그리스도의 "경이로움"을 증진시키는 방법들을 점검해야 하며 가톨릭교회의 새 선교 프로그램에서 이러한 방법들이 어떤 역할을 하는지 이해할 수 있어야 한다.

---

www.perpetualadoration.org/ws200.htm, accessed 09/2007).

제 7 장

성체 숭배

　얼마 전 나는 텔레비전 채널을 넘기다가 어떤 여인이 간증을 하는 프로그램을 보게 되었다. 그녀는 수년 동안 영적인 현상과 사고에 의심을 품었던 사람이었는데 어느 날 자신의 의심이 잘못일 수 있다는 생각을 하고 영적인 세계를 알아보기로 했다고 한다. 그래서 주문을 계속 외우게 되었는데 어느새 자신의 성격이 바뀌는 것을 알아차렸다고 한다. 결국 얼마 지나지 않아서 그녀는 다른 차원의 의식을 체험하게 되었다. 그 후 그녀의 모든 세계관은 철저하게 바뀌었다.

　사람들은 어떤 믿음의 체계 속에서 종교적 체험을 하게 되면 그들은 자신들이 진리를 발견했다고 확신하는데 이는 참으로 흥미롭다.

　한 번은 친구와 함께 북뉴욕을 여행하게 되면서 커머라(Cumorah) 언덕의 몰몬 관광 정보 센터를 방문하게 되었다. 우리는 곧 여러 몰몬교 선교사들에게 둘러싸였고 그들은 우리에게 자신들의 믿음에 대해 선전하였다. 나는 그들에게 어떻게 몰몬교가 진리이며 미혹을 받고 있지 않다고 확신을 할 수 있느냐고 물었다. 그러자 그들은 자신들의 체험에 근거한 답변을 하기 시작했다.

　선교사들은 자신들이 '증거'를 받았기 때문에 그들이 믿는 바는 하나님께로부터 온 것임을 알 수 있다고 말했다. 그 '증거'가 무엇이냐고 묻자 그들은 "가슴이 타는 체험"을 설명했다. 나는 그러한 체험을 성경 어디에서 찾을 수 있느냐고 물었고 그들은 하나님이 하신 모든 일들이 성경에 다 있는 것은 아니라고 대답했다. 나는 다시 몰몬교도들에게 그들의 경험에 대한 구체적인 정보를 달라고 물었고 그들의 대답은 몰몬교가 옳다는 것을 확인해 줄 수 있는 "가슴이 타는 체험"을 위해 하나님께 기도하라는 것이었다.

의심할 여지없이 이 체험은 몰몬교도들에게 매우 중요하다. 그 이유는 누구든지 이 체험을 하기만 하면 그 체험은 진짜이기에 몰몬교도들의 '회복된 복음'은 예수 그리스도의 참된 복음이 아니라고 주장하기가 어려워지기 때문이다.

이와 비슷한 전제하에 가톨릭의 성체 숭배 수행도 체험에 기초한 기독교를 촉구하는 것이다.

1. 성체 숭배란 무엇인가?

지금까지 우리는 화체설에 대한 가톨릭의 믿음과 예수 그리스도의 실제 현존에 대해 다루었다. 그들은 성광에 담긴 성변화된 제병은 미사 중에 축성의 능력을 통해 변화된 예수님이라고 말한다.

우리는 성체 그리스도의 또 다른 면을 점검할 필요가 있다. 그것은 가톨릭교회는 성광 안에 그리스도가 담겨 있는 동안 성체 그리스도를 예배해야 한다고 하는 가르침이다. 이에 대한 그들의 믿음을 확인하기 위해 여러 가톨릭 자료들을 점검해 볼 필요가 있다.

성체 숭배를 구체적으로 지지하는 여러 자료들이 있다. 성체 숭배자가 되는 것이 무엇인지 분명하게 정의하기 위해 그 자료 중에 하나를 살펴보자.

> 우리가 매주(또는 매일) 참석하는 미사 중에 사제는 (축성 중에) 성찬의 제병을 손에 붙들고 다음과 같은 말을 한다. "주께서 빵을 취하여 축사하시고 빵을

떼어 제자들에게 주시며 말씀하셨다. 너희 모두가 이를 취하여 먹으라. 이것은 너희를 위하여 드려지는 나의 몸이다." 이때 사제가 "이것은 나의 몸이다"라고 말할 때 그 순간 화체의 기적을 통해 우리가 피 없는 희생으로 주께 드리는 빵과 포도주는 참으로 예수님의 몸, 피, 영혼, 신성으로 바뀐다. 이는 빵과 포도주의 형태로 현존하시는 실제 주님이시다. 즉, 그것은 그리스도다.[1]

둘째, 이 사이트는 영속적 숭배라고 불리는 수행에 대해 구체적인 내용을 제공하고 있다.

영속적 숭배는 사제가 성변화된 제병을 취해 성광에 넣은 이후를 말한다(성광〈monstrance〉이라는 단어는 "monstrare" 즉, '보여준다', '계시한다'라는 라틴어에서 왔다). 그 후 성광은 숭배를 위해 감실(성광과 성변화된 제병을 담고 있는 화려하게 장식된 상자) 앞에 놓이게 되거나 교회 또는 예배실의 제단에 놓이게 된다.[2]

셋째, 왜 영속적 숭배가 그렇게 중요한지에 대한 추가 언급이 있었다.

당신은 숭배를 하면서 실제로는 무엇을 행하는가? 당신은 성광에 진열된 우리 주님의 현존 앞에서 일주일에 한두 시간 기도할 것을 서명한 후에 '숭배자'가 될 수 있다. 이 의미는 당신은 예수님과 단 둘의 시간을 가질 수 있으며 당신이 제일 좋아하는 기도를 암송할 수 있고, 성경을 읽고, 믿음과 소망과 자비와 감사 및 준비 행위를 위해 묵상하며, 묵주 기도를 올릴 수 있다. 또한 우리 주님 앞에서 당신에게 합당한 것이라면 어떤 종류의 경건의 기도라도 주께 드릴 수 있다. 당신은 주님 곁에 앉아서 마치 친한 친구에게 하듯이 아무 말 없이 함께 할 수도 있다.[3]

---

1) "What is Eucharistic Adoration?" (http://www.medjugorje.org/adore.htm, accessed 08/2007).
2) Ibid.
3) Ibid.

2. 교황과 성체 숭배

위의 세 개의 인용을 읽으면서 당신은 한 가지 질문을 할지 모르겠다. 과연 가톨릭 사람들은 이렇게 믿도록 배우는가? 혹은 이 사이트는 바티칸이 보장하지 않는 비공식적 웹 사이트로서 그들의 치우친 의견을 말하고 있는 것은 아닌가? 분명히 이러한 질문은 타당하며 확인되어야 할 질문이다. 이 질문에 답변하기 위해 교황의 말을 직접 살펴보도록 하자.

앞의 6과에서 이미 인용한 것처럼 2003년 4월 17일「제니트」의 기사에는 교황 요한 바울 2세가 "성체적 경이로움을 다시 불타오르게 하라"[4]는 요청이 있다. 그 기사의 끝부분에 다음과 같이 교황의 말을 인용한 부분이 있다.

> 제2차 바티칸 공의회에 의해 시작된 전례 개혁은 충성된 신도들로 하여금 이러한 깨달음과 함께 제단의 거룩한 희생에 더욱 의식적이고 활동적이고 풍성한 참여를 하도록 기여하였다. 하지만 어두운 부분도 있다. 사실 성체 숭배의 수행을 거의 완전히 포기한 그러한 장소들도 있다.[5]

교황은 어느 정도는 만족하고 있지만 그가 "어두운 부분"을 만드는 성체 숭배의 '포기'를 언급한다는 것은 그가 얼마나 성체 숭배 수행을 지지하는지를 보여준다.

다른 많은 자료들 또한 교황의 성체 숭배 지지를 보여준다. 예를 들어, 교황 요한 바울 2세가 1993년 6월에 스페인 세비야에서 영구적 성체 숭배에 대해 전한 메시지가 그러하다.

> 사랑하는 사제들, 경건한 남녀 여러분, 가장 사랑하는 형제 자매들이여. 겸손함과 뜨거움의 숭배의 자세로 자비하신 하나님께 찬양하며, 모든 선한 것을

---
4) *Zenit: The World Seen From Rome*, "Why the Pope would Write and Encyclical on the Eucharist: To Rekindle Amazement," op. cit.
5) Ibid.

주시는 그분께 감사하는 마음으로, 언제나 우리를 위해 살아 중보하시는 그분께 간청하면서, 복된 성례의 예수님 앞에 여러분들과 함께 엎드리는 것은 특별한 기쁨이 됩니다.

복된 성체의 예수님을 영속적으로 숭배하는 것은 세계 성체 대회의 모든 활동을 연결하는 끈입니다. …나는 복된 성체의 영구적 공개를 통해 계속적으로 성체를 숭배하게 하는 이 형태가 미래에도 계속될 것을 소망합니다. 특히 이 대회의 열매로서 전 세계의 모든 교구와 기독교 공동체 내에서 영속적 성체 숭배를 설립하게 되기를 바랍니다.[6]

교황의 입지를 지지하는 더 많은 사례들은 얼마든지 있겠다.

3. 가톨릭 교리문답과 성체 숭배

가톨릭교회가 실제로 무엇을 가르치는지 불투명할 때는 언제나 『가톨릭 교회 교리문답』을 보는 것이 중요하다. 그 책의 서론에는 교황 요한 바울 2세가 그 문서에 대해 가톨릭 교리의 참된 자료라고 배서하고 있다. 제2차 바티칸 공의회의 개회식이 있던 1992년 10월 11일에 교황은 『가톨릭교회 교리문답』에 다음과 같이 배서하였다.

지난 6월 25일에 승인을 하고 오늘 나의 사도적 권위로 명하는 『가톨릭교회 교리문답』은 거룩한 성경과 사도적 전통 그리고 교회의 최고 교도권에 의해 승인되고 채택된 교리 진술로서 가톨릭 교리와 교회의 믿음의 진술을 담고 있다. 나는 이것을 믿음의 가르침을 위한 확실한 기준으로 선포하며 이에 공동체의 교제를 위한 타당하고 합법적인 도구로 선포하는 바이다. 이 책은

---

6) "Pope on Exposition of the Blessed Sacrament" (cited February 20, 2004, http://www.blessedsacrament.com/theology/q173.html).

교회가 주의 왕국의 쇠할 수 없는 빛을 향해 순례하는 길에서 성령께서 그리스도의 몸 된 하나님의 교회에 끊임없이 요구하시는 부흥을 도울 것이다.[7]

성체 숭배라는 주제에 대해 『가톨릭교회 교리문답』이 무엇을 말하는지 구체적으로 살펴보기 위해 다음 인용을 고려해보자.

> '감실'은 교회 내에서 "가장 큰 영광으로 가장 중요한 위치"에 놓인다. 성체 감실의 위엄과 위치, 안전은 제단의 복된 성체 안에 실제로 현존하시는 주님 앞에서의 숭배를 촉진할 수 있어야 한다.[8]

> "성체 예배." 미사 전례에서 우리는 주님을 숭배하는 표시로서 무릎을 꿇던지 아니면 머리를 숙이는 등, 여러 가지 방법으로 빵과 포도주 아래에 실제로 현존하시는 그리스도께 우리의 믿음을 표시한다. 가톨릭교회는 언제나 변함없이 성체 앞에 숭배를 드려야 한다. 미사 때뿐만 아니라 딴 때에도 성변화된 제병을 지극히 조심스럽게 보관하고 신자들이 엄숙히 존경을 표할 수 있도록 공개하며 행렬 시에는 들고 운반하도록 한다.[9]

> 감실의 첫째 용도는 성체를 가장 귀한 장소에 보관하는 것이다. 또한 미사 외부에서도 병자나 불참자에게 감실을 가져갈 수 있어야 한다. 성체에 그리스도가 실제로 현존하신다는 믿음이 깊을수록 교회는 성체의 빵과 포도주하에 현존하시는 주님을 조용하게 숭배해야 할 것을 의식한다. 이러한 이유 때문에 감실은 교회 내에서 특별히 중요한 장소에 위치해야 하고 복된 성례에 실제로 현존하시는 그리스도의 믿음을 강조하고 드러낼 수 있는 그러한 방식으로 구축되어야 한다.[10]

---

7) *Catechism of the Catholic Church*, op. cit., pp. 5-6.
8) Ibid., para. 1183, p. 335.
9) Ibid., para. 1378, p. 385.
10) Ibid., para. 1379.

그리스도는 특별한 방법으로 주의 교회에 현존하기를 원하셨음이 매우 분명하다. 그리스도께서 보이는 모습으로 떠나셔야 하셨을 때 주님은 우리에게 성체로 현존하시기를 원하셨다. 주님은 우리를 구원하시기 위해 십자가상에서 자신을 드리기 직전에 자신의 생명을 주시기까지 우리를 "끝까지" 사랑하셨던 그 사랑을 우리가 기념하기 원하셨다. 주님은 주의 성체적 현존 안에서 우리를 사랑하사 우리를 위해 자신을 주셨던 분으로서(갈 2:20) 신비하게 우리 가운데 거하신다.

> 교회와 세상은 성체 예배가 대단히 필요하다. 예수님은 사랑의 이 성례에서 우리를 기다리신다. 숭배 가운데 주께 나아가 주님을 만나는 그 시간을 거절하지 말자. 이 세상의 심각한 과오들과 범죄들을 속죄할 수 있는 기회를 열자. 우리의 숭배가 결코 멈추어지는 일이 없도록 하자.[11]

우리는 『가톨릭교회 교리문답』으로부터 성체 숭배에 관한 여러 다른 많은 언급들을 인용할 수 있다. 그러나 이미 인용된 것만으로도 그 핵심은 분명할 것이다. 성체 숭배는 체험적인 광신자의 치우친 그룹에 의해 만들어진 별 볼일 없는 사상이 아니라는 점이다. 성체 숭배 수행은 교황에 의해 강력하게 배서되었으며 따라서 자신을 가톨릭교회의 신자로 부르는 모든 사람들에게 있어서 이 수행은 필수적인 것이다.

4. 성체 숭배를 실천으로 옮기기

이 책을 출판하게 된 이유는 성경이 예언한 대로 그리스도의 이름으로 다가오는 거대한 미혹의 가능성을 경고하기 위함이다. 한번은 성경을 믿는 그

---

11) Ibid., para. 1380, pp. 385-386.

리스도인에게 이 책에서 언급된 내용을 몇 가지 말해주었다. 그러자 그 사람의 반응은 무관심이었다. 어떤 목사는 내게 "당신은 왜 이러한 것들에 대해 언급하며 시간을 낭비합니까?"라고 물었다. "이 주제는 중요한 주제가 아닙니다. 가톨릭 신자들조차 그러한 어리석은 것들을 더 이상 믿지 않습니다."

또 한번은 여러 기독교 지도자들이 내게 와서 "서로 다른 점을 인정해야 되는 것이 아닙니까?"라고 당부를 했다. 나는 그때 그런 말을 들으면서 정말로 기운이 빠졌다. 그러나 실제 발생하고 있는 일들을 아는 입장에서 또한 그러한 일들을 가톨릭교회가 지지하고 있다는 사실을 아는 나는 더욱 경고의 소리를 낼 수밖에 없었다.

성체 숭배의 경우 이 주제가 우리와 상관없다고 하며 던져 버리기 전에 우리는 사실들을 점검해야 한다. 성체 숭배를 추진하는 운동의 크기는 엄청나다. 이미 내가 지적한 바와 같이 성체 숭배는 새로운 것은 아니지만 점점 대중화되면서 사방으로 퍼져나가고 있다.

예를 들어, 만일 인터넷을 접하게 되면 "실제 현존 협회(The Real Presence Association)"* 웹 사이트를 확인해 보라. 당신은 그 홈페이지에서 "어둠에서 떠나라", "빛으로 들어오라", "주님을 방문하라"는 내용의 세 가지 창을 보게 될 것이다. 그곳 디렉토리에 마우스를 대고 클릭하면 "당신이 있는 곳에서 가장 가까운 숭배 장소, 위의 해당 주(state)를 누르시거나 아래 링크 중에 하나를 누르신 후 도시 이름으로 검색 바랍니다"라는 문장과 함께 미국 지도를 실은 페이지가 뜨는 것을 보게 될 것이다. 그 후 해당 주를 클릭하면 성체 숭배를 드릴 수 있는 특별한 시간들과 함께 수천 개의 교회 위치가 나열된다.

만일 당신이 이 사실을 믿지 못하겠다면 인터넷에서 성체 숭배라는 주제로 직접 검색해 보라. 당신은 1993년 스페인에서 요한 바울 2세가 던진 도전을 완성하기 위해서 성체 숭배를 추진하는 범세계적인 계획이 진행되고 있다는 사실을 보게 될 것이다.

* www.therealpresence.org

5. 보는 것이 믿는 것

어떤 사람은 여전히 궁금할지도 모르겠다. 정말로 사람들이 성체 숭배를 믿는 것일까? 아니면 단지 아무도 따르지 않는 또 다른 가톨릭의 교훈일 뿐일까? 2003년 가을, 나는 목사 친구 하나와 뉴욕의 성 패트릭스 성당을 방문하게 되었다. 나는 벌써 "실제 현존 협회" 웹 사이트를 통해 어디로 가서 무엇을 보아야 하는지 확인한 상태였다.

미사가 진행되는 제단 뒤에는 사람들이 무릎을 꿇고 성광(Monstrance) 앞에서 기도하고 있었다. 성변화된 제병을 담고 있는 성광 뒤에는 마리아의 커다란 동상이 자리 잡고 있었다. 여러 관리인들이 예배자들이 침묵 가운데 숭배하도록 그 자리를 지켜보고 있었다.

성체 숭배의 또 다른 예로는 "구세주를 방문하라"(Visit the Savior)로 불리는 웹사이트를 방문하여 그 활동을 보면 잘 알 수 있다. 그 홈페이지에는 다음과 같은 내용이 있다.

> Savior.org의 사명은 가장 복된 성례 안에서 우리 주님을 의식하고 그분께 헌신을 증대시키기 위함이다. 우리는 주님의 생생한 현존의 살아 있는 그림을 가정과 직장 그리고 세상의 가장 먼 곳까지도 가져다주고자 한다.[12]

이 사이트를 보면 이 사이트를 방문했던 개인들의 간증이 실려 있다. 웹 카메라는 매일 24시간 성변화된 제병을 담고 있는 성광에 초점을 맞추고 있다. 이 사이트 방문자들은 온라인상에서 예수님을 숭배하도록 격려 받는다. 실린 간증 중에 알라바마 주에 사는 신디라는 여성의 것이 있다.

> 나는 나의 간증이 정신 나간 것처럼 들릴 것을 안다. 하지만 나는 처음부터 시작해야겠다. 오늘 밤 나는 처음으로 온라인상의 예수님 앞에서 나의 묵주

---

12) Taken from: http://www.savior.org, accessed 09/2007.

기도를 드렸다. 묵주 기도를 마치자마자 나는 뚜렷한 얼굴을 보았다. 나는 지금도 그의 눈과 가시 면류관과 코와 수염을 볼 수 있다. 나는 이 사실을 설명할 수는 없지만, 주님께서 이 사이트를 분명히 기뻐하신다고 생각한다. 나는 미친 사람이 아니다. 나는 내가 사는 곳에서 직접 복된 성례에 참여하여 예수님을 숭배한다. 그러나 오늘 밤은 주님을 숭배하기를 빼먹기보다는 이 사이트를 통해 편안하게 주님 앞에서 기도하고 싶었다. 이 글을 쓰면서도 나는 여전히 주님의 얼굴을 본다. 나는 이 사이트가 얼마나 큰 축복인지를 온 세상에 알릴 생각이다.[13]

6. 우상 숭배

앞의 4과에서 우리는 성경을 통해 성체 예수는 성경의 예수님이 아닌 것을 보았다. 그러므로 성체 그리스도는 거짓 그리스도임에 틀림없다. 살아계시고 참되신 하나님 외에 다른 것이나 다른 존재에 예배하거나 숭배하는 것은 우상숭배다. 창조주만이 우리의 모든 예배를 받으시기에 합당하며 그 어떤 피조물이라도 예배를 받아서는 안 된다.

성경은 다음과 같이 우상 숭배를 금한다.

> 너를 위하여 새긴 우상을 만들지 말고 또 위로 하늘에 있는 것이나 아래로 땅에 있는 것이나 땅 아래 물 속에 있는 것의 어떤 형상도 만들지 말며 그것들에게 절하지 말며 그것들을 섬기지 말라 나 네 하나님 여호와는 질투하는 하나님인즉(출 20:4-5).

우리는 이 문제를 가볍게 여겨서는 안 된다. 하나님께서는 우리에게 형상이던 모양이던 하나님 외에 그 어떤 다른 것도 예배하지 말라고 명하셨다.

---

13) Taken from: http://www.savior.org/testimonials, accessed 09/2007.

7. 자료들 모음

　지금쯤이면 당신의 마음에 그림이 그려져 있어야 한다. 교황은 가톨릭교회를 향하여 가톨릭교회의 중심 사명으로써 모든 사람들을 성체 예수께로 인도하라고 요청하였다. 가톨릭 교리에 의하면 성체 예수는 가톨릭교회의 제단 위에서 나타날 수 있으며 용기에 담겨 전시될 수 있다. 더욱이 가톨릭교회는 성체 그리스도를 숭배하는 것은 예배의 행위로서 다른 모든 가톨릭 교도들과 함께 매우 친숙하게 심오한 체험으로 인도한다고 믿는다.

　성경은 하나님을 나타내는 새겨진 우상을 숭배하는 것은 하나님 앞에서 가증스러운 것이라고 가르친다. 성체 숭배는 단지 전통에 기초할 뿐 성경적 근거를 찾아볼 수 없다. 따라서 하나님께서는 분명히 이 수행이 잘못된 것이며 또한 속이는 미혹이라고 보실 것이다. 잘못된 것을 하나님께로부터 온 것으로 믿고 받아들이는 사람이나 단체는 영적으로 속이는 자가 만든 영적 속임수에 속은 것이다. 만일 영적으로 속이는 자가 그리스도의 이름으로 미혹하여 거짓 기사와 표적을 보이며 거짓 그리스도를 소개하려는 계획이 있다면 이러한 일을 보는 우리는 다른 사람들에게 경고해야 하는 것이 마땅하지 않을까? 이 질문에 대한 대답은 "그렇다" 밖에 없다.

Another Jesus?

제8장
성체 기적들

　표적과 기사들! 평범한 사람들은 기적적인 사건을 듣기만 해도 관심을 갖게 되어 있다. 인간은 감각을 가지고 감각으로 인식할 수 있는 물리적인 세상에서 살도록 지어졌다. 우리는 보고, 느끼고, 만지고, 맛보고, 냄새를 맡음으로 정보를 얻어 두뇌에 모은다. 그러나 물리적인 영역을 넘어서는 영적인 영역이 있다.

　표적과 기사들은 자연적인 영역과 초자연적인 영역을 넘나드는 현상이다. 표적과 기사의 영역은 사탄이 에덴동산에서 자신의 모습을 이브에게 드러낸 것처럼 사탄이 활동하는 영역이다. 영적인 영역에는 두 측이 있다. 거룩한 측과 비거룩한 측이다. 영적인 영역에서 온 것이라고 해서 반드시 하나님께로부터 온 것이 아니다.

　사도 바울은 에베소서 6장에서 에베소 교회를 향해 "하나님의 전신갑주"를 입으라고 경고한다. 그래야 우리가 마귀의 악한 궤계를 대항할 수 있다고 말한다. 바울은 우리의 싸움은 "이 시대의 어둠의 주관자들"과의 영적 영역에서의 싸움이라고 설명한다.

　그러므로 표적과 기사들과 기적들을 볼 때, 우리는 그러한 모든 일들이 무조건 하나님께로부터 왔다고 확신해서는 안 된다. 사실, 성경에 의하면 마지막 때는 "능력과 표적과 거짓 기적"(살후 2:9)을 포함한 커다란 미혹이 그 특징이 될 것이다.

체험을 기초로 하는 기독교에 대해 연구한 나의 첫 번째 책 『새 포도주인가 아니면 오랜 미혹인가』가 출판된 지 얼마 되지 않아 나는 매우 화가 난 어떤 연로한 여인으로부터 전화를 받았다. 그 여인은 나와 같은 지역에 살고 있었기 때문에 나는 그녀를 만나서 그녀의 사정을 들어 보았다. 그녀는 나의 책 『새 포도주인가 아니면 오랜 미혹인가』에서 마지막 날들의 표적과 기사들의 미혹의 위험 가능성에 대해 사람들에게 경고한 내용 때문에 화가 나 있었다. 그녀는 성경이 예수님이 재림하시기 전에 표적과 기사들과 함께 큰 부흥이 일어나 온 세계가 예수님께로 올 것이라고 가르치고 있다고 확신하고 있었다.

불행하게도 이러한 관점이 수도 없이 많은 그리스도인들에게 받아들여지고 있는 실정이며 세상은 예수께서 경고하신 대로 그의 이름으로(마 24장) 일어나게 될 "위대한 표적들과 기사들"을 받아들일 준비가 다 되어 있다. 성체 그리스도와 관련된 표적과 기사들은 과거에도 흔하였는데 지금은 더욱 상승 기세에 있다.

1. 성체 기적이란 무엇인가?

내가 처음으로 "성체 기적"이라는 용어를 접하게 된 때는 예수님의 어머니 마리아가 출현하여 건네주었다는 메시지를 읽을 때였다. 그 메시지들은 암스텔담 도시의 이다 페르데만이라 이름하는 여인에게 계시된 것이었다. 페르데만은 자신이 처음으로 메시지를 받은 때는 1945년 3월 25일이었다고 주장한다.[1]

페르데만에게 이러한 방문이 있기 600년 전에 "암스텔담의 기적"이라고

---

1) "Ida Peerdeman of Amsterdam" (See: http://www.ladyofallnations.org/ida.htm, accessed 09/2007).

알려진 사건이 발생한 적이 있다. 소위 이 기적은 성체와 관련한 기적이었다. 가톨릭 자료에 의하면 그 기적은 사제가 병들어 죽어가는 어떤 사람에게 마지막 성사를 집행하도록 부름을 받았을 때 발생했다. 그 이야기는 다음과 같다.

고해 성사 후에 병든 그 남자는 영성체를 받았다. 그러나 곧 토해냈다.

그 사람을 돌보는 여자가 토해 낸 제병을 쓸어 난롯불에 던졌다. 그러나 그 다음날 아침 그 여인은 불을 뜨겁게 하려고 석탄을 쑤시다가 불꽃 위로 조금도 흠이 나지 않은 제병이 떠오르는 것을 목격했다. 그녀는 조심스럽게 그 복된 성체를 깨끗한 아마포 천에 넣고 아마포 상자 속에 두었다. 그녀는 사제를 모셔 오도록 했으며 그 사제는 그 제병을 지금 "오랜 교회"라고 불리는 성 니콜라스 교회로 가져갔다.

그러나 그 다음날 아침 모든 사람들이 깜짝 놀랐다. 그 이유는 제병이 다시 아마포 상자에서 발견되었기 때문이었다. 사제는 다시 와서 그 제병을 성 니콜라스 교회로 가져갔다. 그러나 그 다음날 그 제병은 다시 그 상자에서 발견되었다. 이러한 이상한 사건을 대하면서 사제는 하나님께서 그 제병의 기적을 비밀로 두기를 원치 않으신다는 사실을 깨달았다. 이 문제에 대해 그의 상관들과 대화를 나눈 후 사제는 주님의 성체의 몸을 그 집에서 교구 교회로 오는 같은 길을 따라 다시 가져왔다. 그러나 이번에는 성직자들과 신자들과 함께 거룩한 행렬을 하며 가져왔다.

일 년 후에 공식적인 조사를 마친 후 위트레흐트의 주교는 신빙성 있는 기적이 발생하였다고 선포했다.[2]

---

[2] "The Eucharistic Miracle of Amsterdam"(http://www.circleofprayer.com/theladyofallnations-appendix1.html, accessed 09/2007).

나는 "암스테르담의 기적"을 처음 대하면서 더 연구를 해야겠다는 생각이 들었다. 나는 요한 캐롤 크루즈가 쓴 『성체 기적들: 성자들의 삶 가운데서 나타난 성체 현상들』이라는 책을 발견하였다. 이 책은 "암스테르담의 기적"은 단지 많은 기적 중에 빙산의 일각이라는 점을 보여주었다.

크루즈의 책의 뒷면에는 책 내용에 대한 개괄이 있었다.

> 교회의 역사 가운데 여러 사건들은 하나님께서 미사에서의 축성하는 거룩한 말씀과 함께 제단 위의 빵과 포도주가 참으로 예수 그리스도의 몸과 피로 변한다는 교회의 가르침에 대한 가시적인 기적을 제공하심을 증명한다. 요한 캐롤 크루즈의 『성체 기적들』은 교회 역사 가운데 36개의 주요 성체 기적들을 자세히 열거하고 있다. 그녀는 가시적인 살덩어리로 변한 제병들, 피를 담고 있는 제병들, 무서운 죄를 지은 사람이 영성체를 받았을 때 돌처럼 되어 버린 제병들, 공중에 떠 있는 제병들, 눈에 보이지 않던 현존이 신비한 빛들에 의해 나타난 제병들, 실제 가시적인 피로 변한 성변화된 '포도주' 등 그리고 거룩한 성체 성사에 대항하여 신성 모독을 한 후에 발생한 수많은 기적들을 자세히 열거한다.[3]

이 책은 성체와 관련해서 발생한 기적의 사건들을 8세기부터 현재까지 시대적으로 나열하고 있다. 그러나 이 책의 어디에도 이러한 기적들을 확고하게 하기 위해 성경을 인용하는 곳은 없다. 크루즈는 그 책을 쓰는 목적은 독자들에게 화체를 믿는 것이 얼마나 중요한지를 알리기 위함이라고 했다. 그녀가 쓴 서론을 보자.

> 가톨릭교회에서 가장 귀중한 보화는 물을 필요도 없이 거룩한 성체이다. 이 안에서 예수 그리스도는 겸손하게 빵의 모양을 취하고 있다. 작은 예배당에 안치되든, 대성당에 담기든 상관없이 성체는 하늘 아버지께서 그분의 자녀들과 물리적으로 나뉘고 싶어하지 않으시는 마음을 보여준다.

---

[3] Joan Carroll Cruz, *Eucharistic Miracles*, op. cit., p. xiii, back cover.

한편 주의 자녀들은 항상 이 현존을 감사하였던 것은 아니었다. 다음과 같은 생각을 하면 얼마나 고통스러운지…. 특히 성변화된 제병 안에 하나님이 실제로 현존하심을 의심하거나 또는 무관심으로 성사를 대함으로써 많은 사람들이 성체의 선물을 부당한 자세로 받으며 그 선물을 업신여겨왔다. 이러한 이유 때문에 구세주께서는 가끔 주의 현존을 증명하시기 위해 여러 종류의 성체 기적들을 나타내심을 마땅히 여기신다.[4]

이 사실은 흥미로운 점을 끄집어낸다. 만일 "구세주"께서 참으로 이러한 성체 기적들을 행하셨다면 이러한 성체 기적들이 실제로 사람들을 참된 구세주이신 예수 그리스도의 복음을 이해하도록 도왔는가 하는 것이다. 성체 기적들이 이러한 도구로 사용되었음을 증거하는 문서 자료는 전혀 없다. 따라서 사람들은 복음이 아니라 단지 제병 안에 주님의 실제 현존만을 믿도록 감명을 받고 있는 것이다.

2. 화체설을 부인한 경우의 역사적 실례들

모든 사람들이 과거에 발생한 성체 기적들을 하나님으로부터 온 것이라고 믿고 있는 것은 아니다. 이 사실을 언급하는 것은 중요하다. 성체 기적을 믿지 않을 때 치러야 하는 대가는 대단했다. 예를 들어, 라일(J. C. Ryle)은 성체의 역사에 대한 글을 썼는데 특히 사람들이 가톨릭이 믿는 그리스도의 실제 현존에 대한 믿음을 받아들이지 않을 때 어떤 일이 발생하는가를 설명하였다.

> 내가 언급하려는 요점은 왜 우리 개혁자들이 화형을 당했는지 그 특별한 이유를 말하려는 것이다. 만일 그들이 교황에게 굴복을 거절했기 때문에, 또는

---
4) Ibid., p. xi.

영국 교회로부터 독립을 지키려고 했기 때문에 고통을 당했다고 생각하면 큰 오산이다. 전혀 그러한 종류의 것들이 아니었다! 그들이 화형을 당한 가장 큰 이유는 로마 교회의 단 한 가지 특이한 교리를 거절했기 때문이다. 거의 모든 경우가 그 교리의 수용 여부에 따라 삶과 죽음으로 갈리었다. 만일 그들이 용납하면 사는 것이요, 거절하면 죽는 것이다. 문제가 되는 그 교리는 주님의 만찬에서 성변화된 빵과 포도주는 그리스도의 실제 몸과 피라는 교리이다.[5]

실제 현존을 믿기를 거절하는 사람들에 대한 핍박을 더욱 구체적으로 확인하기 위해 『폭스의 순교자의 책』으로부터의 인용을 살펴보자. 콘월의 프레스트 부인은 화체설을 부인한다고 해서 가톨릭 직권에 의해 고발되었다. 그녀가 장대 위에서 화형을 당하기 직전에 가톨릭 주교에서 던진 마지막 말은 매우 의미심장하다.

> 여러분들은 당신들의 신조를 부인할 수 있습니까? 당신의 신조는 그리스도께서 다시 오실 때까지 그리스도는 아버지의 우편에 몸과 영혼으로 영속적으로 앉아계신다고 말합니다. 당신들의 신조는 주님은 하늘에서 우리의 변호자로 계시며 우리를 위해 하나님 아버지께 기도를 올린다고 하지 않습니까? 만일 주님이 그곳에 계시다면 주님은 빵 부스러기로 이 땅에 계시지 않습니다. 만일 그분이 빵 부스러기에 계시지 않으며 또한 사람의 손으로 만든 전(temple)에 거하시지 않으신다면 그분은 하늘에 계십니다. 그렇다면 왜 우리는 주님을 이곳에서 찾습니까? 만일 주께서 주의 몸을 단번에 드리시지 않았다면 당신들은 왜 새로운 제사를 드리지 않습니까? 만일 주께서 단번에 드리신 제사가 완전한 것이라면 당신들은 왜 거짓 제사를 드리며 완전한 것을 불완전한 것으로 만듭니까? 만일 주님이 영과 진리로 예배를 받으셔야 한다면 왜 당신들은 빵 부스러기를 예배합니까? 만일 주님이 믿음과 진리 안에서 먹고 마실 수 있는 분이라면, 그래서 그분의 육체는 우리에게 유익이 될 수 없는

---

5) J. C. Ryle, *Light from Old Times* (Moscow, ID: Charles Nolan Publishers, 1890, Volume 1), pp. 54-55.

것이라면 왜 당신들은 그분의 살과 피가 우리의 몸과 영혼을 위해 유익한 것이라고 말합니까? 참으로 가련합니다! 나는 가난한 여인에 불과합니다만, 당신들이 하는 대로 하기보다는 차라리 더 이상 살지를 않겠습니다.[6]

그녀의 죽음은 어떤 개별적 사건이 아니다. 셀 수 없이 많은 사람들이 같은 확신을 가지고 죽음을 당했다.

3. 역사는 반복될 수 있는가?

지금 이곳에 살면서 우리의 배움을 현재 관찰되는 것으로만 한다면 우리는 우리 자신을 참으로 많이 제한하는 것이다. 그러나 만일 우리가 과거를 점검하고 역사를 이해한다면 그 지식은 현재를 이해하는 데 매우 중요한 열쇠가 될 것이다. 솔로몬은 전도서에서 이 점을 분명하게 한다.

이미 있던 것이 후에 다시 있겠고 이미 한 일을 후에 다시 할지라 해 아래에는 새 것이 없나니 무엇을 가리켜 이르기를 보라 이것이 새 것이라 할 것이 있으랴 우리가 있기 오래 전 세대들에도 이미 있었느니라. 이전 세대들이 기억됨이 없으니 장래 세대도 그 후 세대들과 함께 기억됨이 없으리라(전 1:9-11).

성경적 원칙은 성체 기적들에 대한 우리의 연구에 있어서 대단히 중요하다. 성체 기적들이 미래에 허다한 대중들을 가톨릭 신도들로 만들 수 있는 요인이 될 수 있을까? 만일 과거에 화체설을 대항하다가 죽었다면 그러한 일들이 미래에 다시 일어날 수 있을까?

현재 동향은 성체 기적들이 상승세를 나타내고 있음을 가리킨다. 예를 들어, 마이클 브라운은 그의 책 『성체의 비밀들』에서 현대가 믿는 것들이 무

---

[6] John Foxe, (Edited by William Byron Forbush), *Fox(e)'s Book of Martyrs* (Grand Rapids, MI: Zondervan, 1967), pp. 275-276.

엇인지를 설명하고 있다.

> 믿을 수 없을 정도로 성체 기적들은 오늘날 참으로 많아서 곧 더 이상 자세히 나열할 수 없을 만큼 많아질 것이다. … 최근의 예를 하나 들겠다. 1996년 2월, 미시간 바르보의 거룩한 가정 선교교회에 감실 곁에 있는 세정식수 접시에 있던 성변화된 제병의 색이 변하기 시작했다는 보고가 들어왔다. 성체 성사를 진행하던 사제가 미사 중에 땅 바닥에 떨어뜨린 제병을 분해시키기 위해 그곳에 둔 것이었는데 그 제병은 물속에서 분해되기는커녕 이상한 일이 발생한 것이다. 그 제병은 그 접시에 놓여진 지 약 일주일 후에 빨간색으로 변하기 시작했다.
>
> 제병에는 동전만한 크기의 점이 있었다. 얼마 후 그 점은 자라나더니 검어졌다. 주교가 그것이 곰팡이일 것이라고 염려하는 동안(가끔 곰팡이가 생기는 경우가 있다), 제병은 우리가 자세히 들여다 볼 수 없도록 피처럼 붉은 것 안에 잠겼다. 신부 맥퀘스텐은 그 접시가 완전히 피처럼 붉게 되었다고 주장했다. 사제에 의하면 삼 주 후에 제병의 생김새는 '살덩이' 같았다. 그 모양은 마치 중앙이 짙은 붉은 색의 선홍색 심장처럼 보였다.[7]

최근에 발생한 성체 기적에 대한 두 번째 언급은 주교 클라우디오 가티가 2000년 6월 15일에 주교들과 사제들에게 보낸 편지에서 가져온 것이다. 주교 가티에 의하면 자신도 최근에 성체 기적을 경험했다고 한다.

> "성체 어머니" 교회에서 거룩한 미사를 거행하고 있는데 위대한 성체 기적이 발생했다. 빵을 축성하는 말을 마치자마자 피가 나의 제병으로부터 흘러나오기 시작했다. 내게는 시간이 정지한 것 같았다. 나는 내 손에 꼭 쥐어 있는 제병을 내려다보면서 그 표면 전반에 신성한 피가 퍼지는 것을 보고 있었다.[8]

---

7) Michael H. Brown, *Secrets of the Eucharist* (Goleta, CA: Queenship Publishing Company, 1996), p. 37.
8) "Eucharistic miracle happened during the Mass celebrated by the Biship Claudio Gatti in the thaumaturgical place" (See http://www.madredelleucaristia.it/eng/mirmass.htm, accessed

셋째는 인디아의 가톨릭 신부인 존슨 카루에 의한 간증인데 그의 간증은 이러한 성체 기적들이 온 세상에 발생하고 있음을 보여준다.

2001년 4월 28일, 우리는 평소처럼 키라타코남의 교구 교회에서 성 유다에게 9일간의 노비나(novena) 기도를 드리고 있었다. 오전 8시 49분경 나는 성광에 있는 성체를 개시하고 숭배를 시작했다. 숭배 가운데 나는 성체에서 세 개의 점을 보았다. 나는 기도를 암송하다가 멈추었으며 마치 내적인 영감을 받은 것처럼 물끄러미 성체를 보고 서 있었다. 노비나 기도가 끝났을 때 나는 성도들에게 성체 축도를 하였다. 그 후 나는 신도들에게 성광에 주목하라고 초청하였고 그들은 성체 위의 세 개의 점을 보았다고 증언하였다. …

2001년 5월 5일 토요일 아침에 나는 전례 예배를 위해 교회 문을 열었다. 옷을 입고 감실을 열었다. 그 즉시 나는 성체 안에서 노란 색의 사람 얼굴 모습을 알아챘다. 나는 무엇을 해야 할지 어쩔 줄 몰랐다. 몇 초 동안 그곳에 서 있었을 뿐이었다. 나는 성도들에게 무릎을 꿇고 기도하라고 요청했다. 나는 나만 그것을 체험했다고 생각했다. 나는 성체를 성광에 보관한 후 미사 봉사자에게 그가 성체에서 무엇을 보았는지 물었다. 그는 "어떤 모습을 보았다"고 대답했다. 나는 신도들이 그 모습을 관찰하면서 성광을 집중적으로 보는 것을 보았다. 우리는 숭배를 시작했다. 숭배 중에 우리는 그 모습이 더욱 뚜렷해지는 것을 보았다. 나는 힘이 빠져서 신도들에게 아무런 말도 할 수 없었다. 나는 한동안 곁에 서 있었다. 눈물을 멈출 수 없었다.[9]

09/2007).
9) Fr. Johnson Karoor, "The Holy Face of Jesus Christ as appeared on the Holy Eucharist" (http://www.freerepublic.com/focus/f-religion/988409/posts, accessed 09/2007).

4. 더 많은 출현들

연구를 더하며 관련 서적들을 읽을수록, 나는 확실한 패턴을 발견하게 되었다. 보고된 성체 기적들은 점점 더 이러한 사건들을 목격하는 사람들에게 확신을 주고 있었다. 사실, 성변화된 제병과 관련한 '예수'의 얼굴은 여러 다른 곳에서도 보고되고 있다.

마이클 브라운이 그의 책 『성체의 비밀들』에서 언급한 것들은 세상의 추세가 어디로 향하는지에 대한 통찰력을 제공한다. 그의 말을 들어보자.

> 오직 사제만이 축성할 수 있다. 축성하는 손은 압도적이지만 그 중요성에 대해 깨닫는 자는 많지 않다. 제병이 높게 들릴 때 당신은 많은 성자들과 천사들의 현존을 느낄 수 있다. 당신은 그 큰 제병에서 그리스도의 얼굴을 볼 수 있다. 고요함과 정숙함이 흐른다. 평화의 왕이 오셨다. 그가 들어오셨다. 그분이 우리와 함께 하신다.[10]

성체를 중심으로 하는 교황의 선교 비전을 향한 부름은 성체 숭배에 의해 진척되면서 여러 결과들이 나타나는 것 같다. 앞으로 가톨릭교회 내에서 성체 그리스도의 출현이 점점 많아지면 어떻게 되는 것인가? 가톨릭과 다른 믿음을 가진 사람들이 이러한 출현을 듣고 자신들도 친히 이 출현을 체험한다면 어떻게 되는 것인가? 기적 치유의 역사를 포함한 표적들과 기사들이 발생하기 시작한다면 어떻게 될까? 이러한 출현들이 매우 강력해서 무슬림들, 힌두교인들, 개신교인들, 심지어 무신론자들까지 가톨릭으로 개종하게 된다면 어떻게 되는 것인가? 그 결과는 엄청날 것이다.

---

10) Michael H. Brown, *Secrets of the Eucharist*, op. cit., p. 19.

5. 부패

하나님의 말씀에 친숙한 사람들은 성체의 비성격적인 주요한 면들을 주목하였을 것이다. 화체를 지지하는 자들마저도 성변화된 제병이 적절한 시간 내에 처리되지 않으면 곰팡이가 들고 부패하고 썩게 된다는 사실을 잘 알고 있다. 물론, 성변화된 성분들이 참으로 예수님의 몸이라면 이러한 부패는 불가능해야 한다. 성경은 예수님의 몸은 부패하지 않는다고 반복하여 말한다. 사도 베드로는 시편 16편의 다윗의 말을 인용하여 다음과 같이 설명한다.

> 이는 내 영혼을 음부에 버리지 아니하시며 주의 거룩한 자로 썩음을 당하지 않게 하실 것임이로다. … 형제들아 내가 조상 다윗에 대하여 담대히 말할 수 있노니 다윗이 죽어 장사되어 그 묘가 오늘까지 우리 중에 있도다. 그는 선지자라 하나님이 이미 맹세하사 그 자손 중에서 한 사람을 그 위에 앉게 하리라 하심을 알고 미리 본 고로 그리스도의 부활을 말하되 그가 음부에 버림이 되지 않고 그의 육신이 썩음을 당하지 아니하시리라(행 2:27, 29–31).

슬프게도 부패를 견뎌 내야 하는 성체 기적들은 그렇지 못하다. 오히려 제병의 임시적인 속성만을 더욱 증거할 뿐이다. 이는 제병은 단지 주를 사랑하고 믿는 사람들이 예수님의 희생을 기억하기 위한 상징일 뿐임을 알려준다.

세상은 거짓 표적과 기사들을 통한 커다란 미혹에 빠져들 준비가 되고 있다. 성경에 의하면 다가오는 마지막 미혹은 어마어마해서 이 세상의 모든 종교를 연합시킬 잠재력을 가지고 있다고 한다. 마지막 미혹은 거짓 평화를 보장하면서 모든 것이 잘 되고 있다는 헛된 안정감을 세상에 줄 것이다.

Another Jesus?

제9장
성체적 회심

『가톨릭교회 교리문답』에 의하면 성체는 가톨릭 믿음의 핵심이며 요약이다.[1] 가톨릭 교인이 되기 위해서는 제병이 실제 예수 그리스도의 몸으로 변한다는 점을 받아들여야 한다.

우리는 이 책을 통해 가톨릭 믿음에 있어서 성체의 중요성을 점검하였다. 첫째, 우리는 교황 바울 2세가 성체를 중심으로 하는 가톨릭교회의 선교 비전을 요청한 사실을 자료로 제공하였다. 둘째, 우리는 신자들에게 성체의 "경이로움을 다시 불타오르게 하라"는 교황의 비전이 어떻게 성체 숭배 수행을 통해 진행되고 있는지 보았다.

더욱이 성체의 경이로움을 "다시 불타오르게" 하는 일이 가톨릭교회에 주요 영향을 끼쳐왔다는 사실에 대한 증명을 제시하였다. 전 세계적으로 성체 숭배를 위한 적극적인 프로그램들이 진행되고 있을 뿐만 아니라 성체 기적들이 가톨릭 신도들에게 끼치는 영향이 어떠한지를 보여주는 성체 숭배자들의 수많은 간증들이 나오고 있다.

이러한 기적들은 충성된 신도들의 믿음을 세우는 것처럼 보이고 가톨릭 교인들을 더욱 나은 가톨릭 신도들로 만드는 것 같다. 하지만 한 가지 질문이 든다. 비가톨릭인들에게 선교의 수단으로서 성체는 어떤 역할을 하는

---

1) *Catechism of the Catholic Church*, op. cit., para. 1327, p. 369.

가? 비가톨릭인들에게 가톨릭 믿음을 갖도록 선교하는 데 있어서 과연 성체가 효과적인 수단일까?

다음 간증들은 가톨릭으로 회심한 각 개인의 간증으로서 어떻게 성체가 그들의 회심에 중심 역할을 했는지 설명한다.

1. 피터 크리프트

피터 크리프트 박사는 보스톤 대학의 철학 교수이며 여러 기독교 출판에 고정적인 저자이다. 그는 영성, 변증, 철학에 대해 40권 이상의 책을 저술했으며[2] 수많은 컨퍼런스에서 강사로 초청받고 있다. 한때 화란 개혁 개신교 교인이었으나 지금은 가톨릭으로 개종한 크리프트는 많은 사람들에게 기독교 변증가로 널리 알려져 있다. 심지어 개신교도들 중에도 그를 인정하는 사람들이 많다.

크리프트의 책 중에 『통합 전쟁』이라는 책이 있다. 이 책의 뒷면에는 유명한 복음주의 지도자들의 추천이 나열되어 있다. 예를 들면 다음과 같다.

> 피터 크리프트는 오늘날 미국에서 가장 뛰어난 변증가 중에 한 사람으로서 그의 변증은 재치 있고, 예리하며 강력하다. 오늘날의 문화 전쟁의 최전방에서 크리프트는 우리의 가장 훌륭한 지적 장수 중에 한 사람이다.[3] – 척 콜슨

작지만 독특한 이 책은 원대한 주제를 향해 문을 열어준다. 크리프트는 흥미로운 통찰력으로 오늘날의 사건들 가운데 신자들에게 필요한 자세와 협조와 전략을 면밀히 다룬다. 가톨릭, 개신교, 동방 정교의 신도들은 다같이 피터 크리프트가 가지고 있는 비전을 깊게 생각해 볼 필요가 있다. 아마

---

2) See http://www.peterkreeft.com/about.htm.
3) Peter Kreeft, *Ecumenical Jihad* (San Francisco, CA: Ignatius Press, 1996), back cover, endorsement by Chuck Colson.

다 같이 함께 대화를 나눈다면 가장 좋을 것 같다. 그가 옳다면 어떤 일이 발생하겠는가?" – 제이 아이 패커

크리프트의 영적인 여정을 알려면 그가 『통합 전쟁』에서 언급한 여러 간증들을 점검하는 것이 도움이 될 것이다. 특히 그는 자신이 가톨릭으로 개종하는 데 있어서 성체가 얼마나 중요한 역할을 했는지를 고백한다.

> 화란 개혁 칼빈주의에서 로마 가톨릭으로 가는 영적 여정에 있어서 내게 가장 영향을 미친 가톨릭 교리는 성체에 대한 교리였다.[5]

지금은 가톨릭교회의 강력한 지지자가 된 크리프트는 화체설을 믿으며 또한 성체에서의 그리스도의 실제 현존은 다른 많은 개신교도들로 하여금 '모든 교회의 어머니'인 가톨릭으로 돌아오게 할 것이라고 믿고 있다. 그는 과거에 성체 성사에 관한 가톨릭교회의 관점이 가톨릭과 개신교를 분리시켰다는 사실을 잘 알고 있으면서도 지금 그는 성체는 '분리된 형제들'을 가톨릭으로 돌아오게 하는 데 선교의 도구가 될 가능성을 지니고 있다고 믿고 있다. 그는 그의 책에서 다음과 같이 말한다.

> 가톨릭 교리 중에 성체 내의 그리스도의 실제 현존에 관한 교리만큼 두드러지고 또한 뚜렷하게 반–통합적인 교리는 없을 것이다. 그러나 이 교리야말로 통합과 궁극적인 재연합을 이루는 최고의 원인이 될 것이다.[6]

한때 분리를 만들어 낸 바로 그 요소가 미래에는 오히려 통합을 이루게 될 것에 대해 크리프트는 계속 주장한다.

---

4) Ibid., endorsement by J. I. Packer.
5) Ibid., p. 145.
6) Ibid.

나는 이 교리가 거부감 및 분리를 만드는 것 같아도 동시에 사람들을 모으며 연합시킨다는 사실을 발견하였다. 마리아도 마찬가지다. 가톨릭과 개신교를 갈라놓았던 바로 그 원인이던 마리아는 이 땅의 교회들을 다시 하나로 모아 그녀의 아들의 가시적인 몸 안에서의 눈물을 치유할 것이다. 가톨릭 교리 중에 가장 뚜렷하고 특별한 교리는 성체와 마리아에 대한 것이다. 앞으로 이 교리는 가장 큰 지지를 얻으며 모든 교회를 통합시킬 것이다.[7]

마지막으로, 크리프트는 제병 안에 그리스도께서 실제로 현존하신다는 가톨릭의 가르침을 거절하는 그러한 개신교도들을 향해 그의 진심어린 염려를 표명한다.

나의 개신교 형제 자매들이 성체에 실제로 계시는 그리스도를 빠뜨리고 있다는 것을 생각할 때, 내가 성체 앞에서 무릎을 꿇을 때 참으로 사도들이 예수님 앞에 있었던 것처럼 내가 실제로 그리스도 앞에 있다는 것을 깨달을 때, 그러나 나의 개신교 형제와 자매들은 이 사실을 알지도 못하고 믿으려고도 하지 않는 것을 볼 때, 나의 첫 느낌은 내 자신과 그들 사이에 지독한 거리감이다. 그들이 성체를 놓치고 있다는 사실이 얼마나 끔찍한지![8]

지금 많은 개신교/복음주의자들의 마음이 가톨릭과 성체 숭배로 향하고 있는 것을 볼 때 크리프트의 소원이 이루어질지도 모르겠다.

2. 스콧 한

또 다른 주요 핵심 인물은 스콧 한이다. 그는 1990년 이후로 스튜벤빌의 프랜시스칸대학교에서 신학 및 성경을 가르치는 교수다. 그는 성경 신학을 위한 성 바울 센터의 창설자이며 디렉터이기도 하다.

---
7) Ibid., p. 158.
8) Ibid., p. 159.

제9장 성체적 회심

한은 1986년 부활절에 가톨릭 교인이 되었다. 그전에 그는 장로교 목사로 안수 받고 장로교회에서 10년을 사역했으며 체사피크 신학대학원에서 신학교수로 있었다.

대단한 대중적 인기를 누리고 있는 연사요, 교사인 한은 국내 및 국제적으로 가톨릭 믿음과 관련한 다양하고 방대한 주제들에 대해 수많은 연설을 하여왔다. 그의 가르침은 수천 수만의 개신교 교인들과 신앙심이 약한 가톨릭 교인들을 도와 가톨릭 믿음을 갖도록 하는 데 큰 효력을 나타내고 있다.[9]

한과 그의 아내 킴벌리는 자신들을 가톨릭교회로 도달하게 한 그들의 영적 여정을 『로마 그리운 고향: 가톨릭으로 향한 우리의 여정』[10]이라는 책에 썼다. 이 책의 뒷면에는 스콧 한의 가정에 대한 더 많은 정보를 제공하고 있다.

> 지난 10년 동안 스콧과 킴벌리는 가톨릭으로의 자신들의 개종에 대해 말하고 또한 가톨릭 믿음과 가톨릭 진리의 탁월함을 알리기 위해 전세계를 다니며 연설을 했고 또한 전세계에 공급되는 테이프를 만들었다. 마침내 이 걸출한 가톨릭 남편과 아내는 자신들의 이야기를 책으로 내었다. 이 책에는 그들의 놀라운 영적 여정, 곧 하나님의 전세계적 가족인 가톨릭교회의 '집으로' 어떻게 돌아오게 되었는지를 상세히 기록하고 있다.[11]

한은 『로마 그리운 고향』에서 자신이 가톨릭으로 개종하는 데 있어서 성체 체험이 어떤 역할을 했는지 단계별로 설명한다. 그는 그가 어느 날 가톨릭 미사에 참석했을 때의 사건을 상세히 묘사한다.

> 어느 날 나는 "결정적인 실수"를 했다. 나는 내 스스로 미사에 참여해 보겠다고 결심했다. … 오전 직전에 나는 조용히 매일 미사가 있는 지하실로 들어갔다.

---

9) See http://www.scotthahn.com for more information about Scott Hahn.
10) Scott and Kimberly Hahn, *Rome Sweet Home: Our Journey to Catholicism* (San Francisco, CA: Ignatius Press), 1993.
11) Ibid., back cover.

무엇을 어떻게 해야 할 줄 몰랐다. 그 자리에는 사제 한 사람과 두 명의 나이든 수녀가 있었다. 나는 뒷좌석에 방관자로 자리를 잡고 앉았다. …

갑자기 평범한 많은 사람들이 거리에서 나와 예배실로 들어오기 시작했다. 농사를 짓는 그러한 부류의 사람들 같았다. 그들은 들어와서 무릎을 꿇고 기도를 하였다. 그들의 단순하지만 진심된 경건의 모습이 인상적이었다. 그러자 종이 울리고 사제가 제단 앞으로 걸어 나갔다. 나는 자리에 계속 앉아 있었다. 무릎을 꿇어도 괜찮은 것인지 확신이 없었다. 복음주의 캘빈주의자로서 나는 가톨릭의 미사는 사람이 저지를 수 있는 죄악 중에 가장 큰 신성모독이라고 가르쳐왔다. 즉, 그리스도를 다시 희생시키는 죄악이라고 가르쳐 왔던 것이다. 그래서 나는 무엇을 해야 할지 확신이 없었다.[12]

그 다음 한은 사제가 제병을 축성할 때 그를 압도하는 생각과 감정에 대해 묘사한다.

축성을 선포한 후에 사제는 제병을 높이 들었다. 나는 나의 의심의 마지막 방울까지 내 몸에서 다 빠져나가는 것을 느꼈다. 온 마음을 다해 나는 속삭였다. "나의 주 나의 하나님! 정말로 당신이네요! 저것이 당신이라면 나는 당신과의 충만한 교통을 원합니다. 아무것도 주저하고 싶지 않습니다."

그 후 나는 나의 약속을 기억했다. … 오, 그래. 정신을 차리자. 나는 장로교 교인이 아니던가! 그렇지? 그래. 그 마음을 가지고 미사를 떠났고 아무에게도 내가 어디에 있었는지 그리고 무엇을 했는지 말하지 않았다. 그러나 그 다음날 나는 다시 미사에 왔고 그 다음날도, 그 다음날도 계속 오게 되었다. 그러던 중 일주 또는 이주 후에 나는 페이고 말았다. 어떻게 말해야 할지 모르지만, 아무튼 나는 성체 안에 계신 우리 주님과의 사랑으로 인해 무릎을 꿇고 고개를 숙이고 말았다! 복된 성례에서 내게 나타난 그의 현존은 강했으며 인격적이었다. 나는

---

12) Ibid., p. 87.

뒤에 앉아서 무릎을 꿇고 다른 사람들과 함께 기도를 시작했다. 그들은 이제 나의 형제와 자매들이었다. 나는 고아가 아니었다! 나는 내 가족을 찾은 것이다. 즉, 하나님의 가족말이다.[13]

곧 그의 개종의 과정은 마무리되었다. 한은 체험에 사로잡혔으며 그는 참으로 성체 안에 실제로 현존하시는 그리스도를 발견했다고 확신하게 되었다. 그의 말을 들어보자.

날마다 미사의 모든 과정을 목격하면서 나는 내 눈 앞에서 날마다 갱신되는 언약을 보았다. 나는 그리스도께서 내가 그를 믿음으로 영접하기를 원하신다는 것을 알았다. 마음에 영적으로만 주님을 영접함이 아니라 그분을 또한 물리적으로도 영접해야 함을 알았다. 내 혀로부터 식도를 따라 내 온 몸과 영혼에 들어오시는 주님! 이것이 바로 성육신이 뜻하는 모든 것이다. 이것이 바로 복음의 충만함이 이루어진 상태이다.

나는 날마다 미사가 끝난 후 30분에서 한 시간 가량 묵주 기도를 드렸다. 나는 주께서 복된 성체 앞에 있는 주의 어머니를 통해 그의 능력을 베푸시는 것을 느꼈다. 나는 주께 내 마음을 열어 주시기를 그리고 주의 뜻을 알도록 해 주시기를 간청했다.[14]

3. 킴벌리 한

스콧은 1986년에 개종하였지만 그의 아내 킴벌리의 개종은 4년이 지난 후에야 발생했다. 『로마 그리운 고향』의 한 과에서 킴벌리 한은 새로 개종한 가톨릭 남편과 함께 사는 삶이 어떠했는지 묘사한다.

---

13) Ibid.
14) Ibid., pp. 88, 89.

> 나는 가톨릭 교인이 된 스콧의 삶에 맞추어 보려고 노력했다. 부활절이 지난 한 주 후, 스콧은 우리 집에서 성경 공부를 인도했고 나도 그 자리에 있었다. 남편은 어떤 청년에게 기도를 부탁하였고 그러면서 신속하게 마리아에게 경의를 표할 것을 요구했다. 그 순간 나는 고통 가운데 그 방을 떠나 내 침대로 가서 무릎을 꿇고 한없이 울었다. 어떻게 감히 그가 내 집에서 내 상처에 소금 뿌리는 행동을 할 수 있단 말인가! 내게는 이미 그가 가톨릭으로 개종한 사실 때문에 큰 상처가 있었던 것이다! 후에 나는 그들 틈에 다시 들어갔는데, 가톨릭 경건에 관한 그들의 언급과 표현은 나를 압도하고 있었다. 얼마 후에 스콧은 우리 집이 아닌 다른 장소에서 성경 공부를 하게 되었고, 나는 이로 인해 정말로 감사했었다![15]

결국 킴벌리는 그녀의 입장을 바꾸어 남편과 함께 미사에 참석하기로 동의했다. 그는 그녀의 마음에 있던 생각들을 묘사한다.

> 어느 날 저녁 우리는 미사에 참여할 기회가 있었다. 미사 끝에 성체 성사가 있었다. 나는 한 번도 이 과정을 본 적이 없었다. 나는 줄을 선 성년 남녀들이 성광이 지나갈 때 무릎을 꿇고 머리를 숙이는 것을 보면서 이 사람들은 그것을 빵과 포도주가 아니라 주님으로 믿고 있다는 것을 알았다. 만일 그것이 예수님이라면 그들의 자세는 마땅한 반응이다. 만일 오늘날에도 왕 앞에서 무릎을 꿇어야 한다면 만유의 주이시며 만왕의 왕 앞에서는 더욱 그래야 하지 않겠는가? 무릎을 꿇지 않는다면 위험한 것이 아니겠는가?

> 나는 계속 내 머릿속으로 따져보고 있었다. 그러나 그것이 실제 예수님이 아니라면 어떻게 되는 것이지? 만일 성광 안에 예수가 없다면 그들은 지금 우상 숭배를 하고 있는 것이 아닌가? 그렇다면 무릎을 꿇지 않는 것이 안전한 것 아닌가? 상황은 스콧이 이미 말한 대로 진행되고 있었다. 가톨릭교회는 단지 또

---

15) Ibid., pp. 105, 106.

다른 교단이 아니었다. 가톨릭교회는 참이거나 아니면 악마적이다.[16]

더 많은 시간이 흐르자 성체와 마리아에 대한 킴벌리의 관점은 점차적으로 바뀌었다. 결국 그녀는 남편 스콧처럼 그녀의 삶을 바꾸는 성체 사건을 체험하는 자리에 이른다. 그녀는 다음과 같이 쓰고 있다.

> 나는 성광이 가톨릭교회를 얼마나 많이 상징하는지를 알고 놀랐다. 다른 많은 개신교도들처럼 나는 마리아와 성자들과 성사들은 신자들과 하나님 사이의 장애물이라고 생각했기 때문에 그들을 피해가야 한다고 여겼다. 그들은 불필요하게 하나님과의 삶을 복잡하게 만드는 사람들이라고 여겨왔다. 마치 바다에 빠진 보물 주변에 끼는 이끼 같이 느껴왔다. 따라서 중요한 것에 닿으려면 그들을 피해야 한다고 확신했다.
>
> 그러나 지금 나는 그 반대가 사실인 것을 볼 수 있었다. 가톨릭은 먼 종교가 아니라 바로 현재를 지향하는 종교였다. 가톨릭 신자들은 교회 내에 예수님을 신체적으로 모시고 있는 사람들이며 그들은 성체를 받은 후에는 자신들을 살아있는 성전으로 보았다. 예수님이 성체이시기 때문에 중앙에 그분을 모시는 것은 마치 성광 속에 있는 제병으로부터 아름다운 금빛 광선이 흘러나오는 것같이 그로부터 교회의 모든 풍성한 교리들이 흘러나오게 하는 것이다.[17]

킴벌리는 그녀의 남편을 따라 가톨릭과 성체 숭배에 가담하였다.

4. 폴 티그펜

폴 티그펜 박사는 25개 이상의 베스트셀러 저자이며 「엔보이 매거진」과

---

16) Ibid., p. 142.
17) Ibid., p. 162.

「서번트 퍼블리케이션스」의 편집자로 활동하여왔다. 그는 기존에는 복음주의 개신교 목사였으나 1993년에 가톨릭교회에 가담하였다.[18]

티그펜의 책 『예수님 우리는 당신을 숭배합니다: 복된 성례 앞에서의 기도들』[19]의 서론을 보면 성체 숭배의 중요성과 함께 티그펜이 가톨릭으로 개종하는 데 있어서 성체 숭배가 얼마나 중요한 역할을 했는지 그 간증이 담겨 있다.

> 나는 처음에 그 무엇으로도 치유할 수 없는 고통스런 갈망과 무엇으로도 채울 수 없는 배고픔을 느꼈다. 나는 당황스러웠다. 기도하기 위해 가톨릭교회를 방문할 때마다 도대체 교회 내의 무엇이 나의 마음을 간절하게 하는 것일까?
>
> 그것은 물론 성체의 현존이었다. 그러나 내 자신이 가톨릭 교인이 된 후에야 그 영광스러운 감춰진 실체에 대해 알게 되었다. 감실 앞에 무릎을 꿇을 때마다
>
> 나는 평강과 기쁨과 능력을 접하게 되면서 참으로 놀랄 뿐이었다. 나는 숨겨진 하나님에 의해 홀렸다.
>
> 마침내 내가 실제로 하늘의 빵을 맛보게 되는 날이 왔다. 이날보다 더 행복한 날이 있을 수 있을까? 주님은 나의 상상을 넘어서서 더욱 친밀하게 주님 자신을 내게 연합시키셨다. 그 이후 세월이 지나면서 그때의 향연은 주님을 향한 배고픔을 더욱 타오르게 하였다. 많은 성자들이 관찰한 바와 같이 주님을 먹을수록 더욱 주님을 원하게 되었다.[20]

---

18) Paul Thigpen, Ph.D., *The Rapture Trap: A Catholic Response to "End Times" Fever* (West Chester, PA: Ascension Press, 2001), back cover.
19) Paul Thigpen, *Jesus We Adore You: Prayers Before the Blessed Sacrament* (Ann Arbor, MI: Servant Publications, 2001), p. 11.
20) Ibid., Introduction.

5. 더 많은 성체 체험들

점점 더 많은 개신교도들이 자신들은 가톨릭교회에 끌리고 있다고 간증하고 있으며 특히 성체를 통해 더욱 그러하다고 고백한다. 어떤 사람은 새롭고 흥분되는 방법으로 그리스도의 현존을 접하게 되었다고 말한다. 그 중 한 사람이 개신교 목사 스티븐 무쥬다. 무쥬는 『모든 사람의 어머니 마리아: 메쥬고레에 대한 개신교 관점과 체험들』이라는 책이 나올 수 있도록 공헌을 한 작가들 중에 한 사람이다.

무쥬에 의하면 그의 메쥬고레 방문은 그의 삶을 변화시켰다. 특히 성체 그리스도를 만난 후에 변화되었다고 고백한다.

> 내 생애 가운데 그때처럼 성체 안의 그리스도를 만나 본 적이 없다. 이곳에서 한 주 내내 그리스도를 직접 만난 것과 같은 체험을 내 인생 가운데 한 적이 없다. 그 이유는 마음으로 사랑하고 머리로만 믿었지 그리스도의 몸과 피인 빵과 포도주를 받은 적이 없기 때문이다. 어떤 때는 하루에 두 번씩 성체를 받았다. 아침에는 영어로 드리는 미사에서, 저녁에는 폴란드어로 드리는 미사에서 받았다. 폴란드어로 미사를 드릴 때는 무슨 말을 하는지 어떤 노래를 하는지 이해할 수 없었지만 나는 온 맘을 다해 마치 내 평생 "마리아께 영광을"이라고 말해온 것처럼 묵주 기도를 드렸다. 그곳에서는 아버지와 아들과 성령이 실제였다. 마리아도 실제였다.[21]

무쥬는 메쥬고레를 방문한 동안 그리스도와 마리아를 실제로 만났다고 증언하는 한편, 개신교 복음주의 목사인 베니 힌은 그리스도께서 그의 집회의 무대에 나타날 것이라고 예언했다. 2000년 3월 29일에 베니 힌은 그의 텔레비전 프로그램에서 다음과 같이 언급했다.

---

21) Sharon E. Cheston, *Mary the Mother of All: Protestant Perspectives and Experiences of Medjugorje* (Chicago, IL: Loyola University Press, 1994), section written by Steven Muse, p. 57.

성령께서 제게 말씀하셨습니다. 성령께서는 자신을 보여주실 것이라고 말씀하셨습니다. 오! 우리가 마치기 전에 여러분들에게 이 말을 해야겠습니다. 내게는 루쓰 헤플린이 알려준 예언이 있습니다. 여러분, 루쓰 헤플린을 아십니까? 루쓰는 1970년대에 나에 대해 예언하였습니다. 그녀가 예언한 것은 다 일어났습니다. 그녀는 나의 아내를 통해 그녀의 말을 전했습니다: "주께서 내게 들리는 소리로 말했는데 그 내용은 주께서 다음 2개월 내에 우리 집회 가운데 자신의 신체적인 모습을 드러내실 것이라고 하셨습니다." 그렇습니다. 그녀는 … 나는 그녀가 말한 것을 말하는 것입니다. 주께서는 그녀에게 들리는 소리로 말씀하시길, '베니에게 가서 내가 그의 집회의 강단에 신체적으로 나타날 것이라고 말해 주어라'라고 하신 것입니다. 주님, 예수의 이름으로 아르조나 피닉스에게 나타나십시오. 주님, 간절히 바라니 캐냐에서도 나타나십시오. 예수님의 이름으로 모든 집회에 나타나십시오.[22]

베니 힌의 사역을 추종하는 자들은 베니 힌이 한 이 말에 놀라지 않았을 것이다. 베니 힌은 그전에도 텍사스 아마릴로의 가톨릭교회 성체 성사에 참여하였는데 가톨릭 미사 동안 '예수님'이 그에게 물리적으로 나타나셨다고 주장하였다. 베니 힌은 1997년 12월 24일 트리니티 방송국의 "주 찬양 프로그램"에서 폴 크루치와 대화를 나누며 성체 성사 때의 체험을 증거했다.

내가 그 다음에 느낀 것은 실제 몸의 형태와 모양이었습니다. 나의 몸은 완전히 마비가 되었습니다. … 하나님께서는 실제로 그 밤에 내게 계시를 주셨습니다. 우리가 성찬에 참여할 때 그 성찬은 단순한 성찬이 아니었습니다. 우리는 그리스도 예수 그분을 먹고 마시고 있었습니다. 주님은 "집어 먹으라. 이것이 나의 몸을 대표한다"라고 말씀하지 않으시고 "이것이 나의 몸이다. 너를 위해 찢긴 나의 몸이다" 라고 하셨습니다. 여러분들이 성찬에 참여할 때 여러분은 그리스도에 참여하는 것이며 이는 여러분의 몸을 치유합니다. 예수님께

---

22) Benny Hinn with Steve Brock, *This is Your Day* (700 Club Studios, Virginia Beach, VA, March 29, 2000), television broadcast.

참여하는데 어떻게 약할 수 있습니까? 어떻게 아플 수 있겠습니까? 오늘밤, 우리가 성찬에 참여할 때 빵에 참여하는 것이 아닙니다. 우리는 그분이 "이것은 나의 몸이니"라고 말씀하신 대로 주님께 참여하는 것입니다.[23]

베니 힌을 추종하는 자들은 베니 힌을 가톨릭 신자로 생각하지는 않는다. 하지만 앞에서 말한 그의 언급들은 그가 성체 그리스도에 대한 가톨릭의 가르침에 영향을 받았음을 보여준다. 힌의 사역은 전 세계적으로 많은 사람들에게 강력한 영향력을 미치고 있다. 그런데 그가 성체 안의 그리스도의 현존과 화체설을 받아들이고 있음은 더욱 자명해지고 있는 사실이다.

하지만 가톨릭교회는 개신교 목사가 성찬 예식을 거행할 경우 절대로 화체가 발생할 수 없다고 가르친다. 가톨릭의 공식적인 가르침에 의하면 오직 가톨릭 신부만이 빵과 포도주를 변화시킬 수 있는 권한이 있다. 따라서 베니 힌의 경우, 그는 자신이 그렇게 하고 있다고 믿는다고 하더라도 성체 성사를 거행할 수 없다. 이 사실은 베니 힌을 대단한 궁지에 빠뜨린다. 그 이유는 만일 화체가 거짓이라면 화체를 믿는 베니 힌에게 문제가 있는 것이며, 만일 가톨릭의 주장대로 화체가 옳다면 그는 성체 성사를 거행할 권한이 없어지기 때문이다. 심지어 그가 가톨릭으로 개종한다고 해도 그는 성체 성사를 여전히 거행할 수 없게 되는데, 그 이유는 오직 총각만이 사제가 될 수 있기 때문이다.

6. 가톨릭 스타일의 치유 사역

다음 간증은 어떻게 어떤 오순절 목사가 가톨릭으로 개종하게 되었는지 그리고 그가 어떻게 그의 '치유' 사역에서 성체를 사용하게 되었는지를 설명한다.

---

23) *Praise The Lord Show* (Trinity Broadcasting Network, December 27, 1994).

2004년 3월 4일, 마이클 브라운은 그의 스피릿 데일리(Sprit Daily) 웹 사이트에 "기존의 오순절 목사가 보혈과 함께 일어난 기적을 설명하다"라는 제목의 글을 올렸다. 이 글은 33년 동안 오순절 목사였으나 가톨릭으로 개종한 밥 라이스 목사에 대한 것이었다. 브라운은 다음과 같이 설명한다.

> 그의 첫 번째 아내가 죽자 그는 재혼하게 되었는데 가톨릭 여인과 재혼하였다. 그리고 그의 재혼은 결국 그의 개종으로 이어졌다. 그 후 그의 삶에는 놀라운 사건들이 연속적으로 일어난다. 먼저 그의 오순절 교회에서는 그의 아내를 받아들이려 하지 않았다. 그러자 그는 교회를 떠나 가톨릭 미사에 참석하기 시작했다. 교회를 사임한 후 약 3개월이 되자 그는 자신이 성찬을 받을 수 없다는 사실에 불편을 느꼈다. 그래서 그는 가톨릭으로의 여정을 시작했다.[24]

처음에 라이스 박사는 사제가 빵과 포도주를 축성할 때 그리스도의 실제 현존이 발생한다는 교리를 믿지 않았다. 그는 성찬을 상징으로만 여겼다. 그러나 그의 관점은 바뀌기 시작했다. 브라운은 다음과 같이 라이스의 체험을 설명한다.

> 그는 "주님이 나를 다루기 시작하시자 사제가 축성을 할 때 그 일이 발생했다"라고 말한다. 왜 개신교 목사들은 사제와 같은 역사를 일으킬 수 없는지를 그가 묻자, 사제는 사도적 계승을 받았기 때문이라는 답변을 들었다고 말한다. "사제는 그 계승 안에 있기 때문에 빵과 포도주 위에서 기도할 수 있는 권한이 있다"라고 라이스 박사는 말한다.[25]

라이스가 가톨릭 교인이 된 지 일 년 후에 그는 "복된 성체의 진열"과의

---

24) Michael Brown, "Former Pentecostal Relates Miracle that Occurred with the Precious Blood" (Spirit Daily, 03/05/2004, http://www.freerepublic.com/focus/f-religion/1092043/posts, accessed 09/200).

25) Ibid.

초자연적인 만남을 갖게 된다. 브라운의 글을 보자.

> 가톨릭 교인이 된 지 약 1년 후 과거에 트럭 운전수였으며 또한 여섯 교회의 목사였던 라이스는 복된 성체의 진열을 우연히 접하게 된다. "자, 이건 무엇이지?" 과거 목사였던 그는 여전히 반가톨릭적인 편견을 갖고 있었기 때문에 실제 현존에 대한 의심을 떨칠 수 없었다. 그러나 그날 그의 모든 의심은 다 사라졌다. 그는 "그곳에 앉아서 복된 성체를 보고 있는데 갑자기 복된 성체 가운데서 그리스도의 얼굴이 내게 나타났습니다"라고 단언한다. "나는 '좋습니다. 주님, 사진을 찍겠습니다'라고 말했습니다."[26]

브라운에 의하면, 라이스는 치유 사역을 하는 오순절 개신교 목사에서 복된 성체 앞에서 치유 사역을 하는 가톨릭 신자로 바뀌었다고 한다. 그러나 그것이 전부가 아니다. 브라운의 말을 들어보자.

> 라이스는 가톨릭교회를 "잠든 거인"으로 보고 있다. 과거에 개신교도였던 그는 "가톨릭 교인으로 있으면 있을수록 그리고 가톨릭을 연구할수록 나는 절대적으로 가톨릭교회는 엄청나다는 것을 확신하게 된다"라고 말한다. "가톨릭교회는 언제나 유일한 사도적 교회로서 존재해 왔다. 우리는 사도적 교회처럼 행동해야 한다. 표적과 기사와 기적 등, 2,000여 년 전의 교회에 발생하였던 모든 일들이 오늘날에도 발생해야 한다. 그 이유는 교회는 변하지 않았기 때문이다."[27]

라이스는 가톨릭의 치유 사역자가 된 이후부터 그의 치유 사역의 전략을 바꾸었다. 그는 다음과 같이 말한다.

> 나는 사람들이 치유를 받을 수 있도록 그들을 성체로 이끌 수 있는 모든 일을

---
26) Ibid.
27) Ibid.

다 한다. … 나의 주된 메시지는 미사를 통해 치유를 받으라는 것이다. 그 이유는 만일 예수님이 성체에 참으로 존재하신다면 - 실제 존재하신다 - 그리고 예수님이 하나님이라면 - 실제로 하나님이시다 - 그렇다면 하나님은 그의 능력과 분리될 수 없으니 - 그렇게 될 수 없다 - 2,000여 년 전에 허용되었던 능력, 즉, 눈먼 자를 보게 하고, 귀머거리를 듣게 하며, 절름발이는 걷게 하고, 마귀를 내어 쫓고, 문둥병 환자를 깨끗하게 하고, 죽은 자를 살리는 그 능력, 심지어 말씀으로 온 우주를 존재하게 하던 그 똑같은 능력이 또한 거룩한 성체 내에 실재한다는 사실이다. 그 이유는 예수님은 거룩한 성체시기 때문이다."[28]

마지막으로, 마이클 브라운은 라이스 박사가 플로리다의 미사에 참석할 때 가졌던 체험을 설명한다. 아마 이 체험은 체험을 기초로 하는 기독교가 미래에 어떤 방향으로 나아갈 것인지를 보여주는 희미한 빛인 것 같다.

라이스 박사는 플로리다 베니스의 성당에서 어떤 사제가 봉사자 중 한 사람에게 성찬을 나누면서 실수로 제병을 떨어뜨린 사실을 말한다. 그 제병은 사제의 모르는 사이에 실수로 성합에서 떨어졌다. "그때 아니타와 나는 성찬을 받기 위해 서 있었다. 그래서 사제에게 몸을 기울여 말했다. '신부님, 예수님을 바닥에 떨어뜨리셨습니다.' 그러자 사제의 얼굴이 하얗게 질리면서 꼼짝 못하였다. 그때 내가 말했다. '제가 바닥으로부터 우리 주님을 구출하는 특권을 누려보아도 되겠습니까?' 그러자 사제는 '네, 당연하지요'라고 말했다.

"그래서 나는 제단의 신성한 영역으로 올라가 몸을 굽혀 바닥으로부터 예수님을 들어올렸다. 그 후 다시 뒤로 걸어 제단 앞으로 내려와 제단 앞에 고개를 숙이고 성체를 먹었다. 나는 나의 자리로 돌아가 앉았고 앞으로 꿇어 엎드렸다.

"그때 내 생애 가운데 한 번도 느낀 적이 없었던 그러한 하나님의 임재의 파도가

---

28) Ibid.

나를 때렸다. 나는 그때처럼 그렇게 강력하게 주의 현존을 느낀 적이 없었다. 나는 벽에 부딪혀 튕겨 나간 것처럼 약 3시간 가량 얼얼했다. 그 체험은 정말 엄청났다." 그리고 과거에 오순절 목사였던 그는 그 이유를 알고 있었다. 그는 말하길, "우리가 거룩한 성체를 먹을 때 우리는 온 우주를 말씀으로 존재하게 하신 하나님을 먹고 있는 것이다"[29]라고 한다.

7. 우상을 구출하라?

라이스 박사 및 많은 사람들은 그들의 믿음을 성경과 일반 상식에 두기 보다는 강력한 체험에 두고 있는 것 같다. 성경은 우상은 도둑질을 맞을 수 있고 넘어질 수 있고 심지어 구출이 필요하다고 말한다. 창세기를 보면 라반이 그의 우상이 도둑맞았다는 것을 알게 되자 야곱을 따져 묻는다. "이제 네가 어찌 내 신을 도둑질하였느냐?"(창 31:30).

블레셋 사람들이 언약궤를 가지고 그들의 신인 다곤 신전 안으로 가져가자 그들의 우상인 다곤은 계속하여 바닥으로 고꾸라졌다. 블레셋 사람들은 다곤 우상을 구출하기 위해 땅으로부터 일으켜 세워 다시 원위치에 세웠지만 그 다음날 아침에 보니 다시 쓰러져 부서져 있었다(삼상 5:1-5).

이사야서 40장에서부터 46장을 읽어보면 만유를 창조하시고 붙들고 계시는 전능하신 하나님과 이방의 헛된 우상들이 철저하게 비교되고 있다. 나는 여러분들이 성경의 그 부분을 읽으면서 스스로에게 성체 그리스도가 참 되고 살아계신 하나님인지, 아니면 인간의 손으로 지은 헛된 우상인지 물어보길 바란다. 물론 참된 하나님은 구출이 필요 없다. 오히려 우리가 그분에 의해 구출되어야 한다.

---

29) Ibid.

8. 체험을 기초로 하는 기독교

우리는 성체 그리스도를 접한 여러 개인들의 간증을 점검하였다. 우리는 새 선교 프로그램이 어떻게 진행되고 있는지를 살펴보았으며 그 프로그램은 현재 분명하게 성공하고 있음을 보았다. 수없이 많은 간증들이 신비스럽고 중독성이 있는 영적 능력을 확인해 줌으로써 많은 사람들을 성체 그리스도에게로 이끌고 있다.

거의 대부분의 회심 사례들의 기록을 보면 한 가지 공통점이 있다. 즉, 가톨릭교회로 개종한 각 사람들은 매우 심오하고 강력하며 대단히 만족스러운 체험이 있다는 사실이다. 그들은 무엇보다 맨 먼저 뭔가 더 깊은 영적 체험을 놓치고 있다는 느낌을 갖게 된다. 그러다가 성체 체험을 하게 되면 만족과 충만함을 느끼게 되는 것이다.

체험에 기초한 기독교는 성체 그리스도와 관련한 표적과 기사에 초점을 둔다. 그리고 그들은 분명히 많은 개신교도들과 복음주의자들에게 영향을 미치고 있다.

그러나 우리는 또 다른 강력한 영향력에 대해 아직 점검하지 않았다. 어떤 여인이 출현하여 사람들의 관심을 그녀의 아들, 즉 성체 그리스도에게로 이끄는 많은 사례들이 전 세계적으로 발생하고 있다는 사실이다. 가톨릭교회는 이 여인을 하늘의 여왕이라 부르며 예수님의 어머니라고 말한다.

미래에 대중적인 회심이 있을지 없을지는 시간이 말해줄 것이다. 한 가지는 확실하다. 대단히 많은 사람들이 영적인 세계로부터 영감과 메시지를 받았다고 주장하는데 그들에 의하면 성체 그리스도와 그의 어머니의 통치의 시대가 바로 코앞에 있다는 것이다.

제10장
마리아와의 연관

구약과 신약을 읽어 보면 한 가지가 매우 뚜렷해진다. 기독교는 전부 예수 그리스도에 대한 것이며 구원을 위해서 오직 그분만을 믿어야 한다는 사실이다. 성경은 참된 예수님을 증거하며, 주님 자신도 이 점을 분명히 한다.

너희가 성경에서 영생을 얻는 줄 생각하고 성경을 연구하거니와 이 성경이 곧 내게 대하여 증언하는 것이니라. 그러나 너희가 영생을 얻기 위하여 내게 오기를 원하지 아니하는도다(요 5:39-40).

성경 전부가 이 세상의 유일한 구세주이신 그분께 우리를 인도하고, 그분을 증거하고, 그분께 초점을 둔다.

빌립이 나다나엘을 찾아 이르되 모세가 율법에 기록하였고 여러 선지자가 기록한 그이를 우리가 만났으니 요셉의 아들 나사렛 예수니라(요 1:45).

이에 모세와 모든 선지자의 글로 시작하여 모든 성경에 쓴 바 자기에 관한 것을 자세히 설명하시니라(눅 24:27).

하나님의 말씀에 추가하거나 주의 말씀을 왜곡하는 것은 끔찍한 결과를 초래한다. 그렇게 하거나 그렇게 하는 사람을 따르는 것은 매우 위험하다. 성경의 마지막 장을 보면 다음과 같은 엄숙한 경고를 들을 수 있다.

> 내가 이 두루마리의 예언의 말씀을 듣는 모든 사람에게 증언하노니 만일 누구든지 이것들 외에 더하면 하나님이 이 두루마리에 기록된 재앙들을 그에게 더하실 것이요 만일 누구든지 이 두루마리의 예언의 말씀에서 제하여 버리면 하나님이 이 두루마리에 기록된 생명나무와 및 거룩한 성에 참여함을 제하여 버리시리라 (계 22:18-19).

성경에 의하면, 만일 당신이 비성경적인 자료에 기초한 거짓 그리스도를 따르면 당신은 참된 그리스도로부터 분리되어 지옥에서 영원을 보내야 한다.

1. 가톨릭의 마리아는 성체 그리스도를 가리킨다.

이 책의 앞부분에 2003년 4월 17일자의 「제니트」(Zenit)에 실린 기사를 인용한 내용이 있다. 그 글은 교황 요한 바울 2세가 "교회는 성체로 산다"라는 제목의 회람 서신을 통해 가톨릭 교도들에게 성체와 성체 숭배에 초점을 맞추기를 요청하는 내용이었다. 같은 날 「제니트」는 똑같이 중요한 다른 뉴스를 내 보냈다. 그 글의 제목은 "마리아가 최근 회람 서신에 자리 잡다: 교황이 그녀를 '성체의 여인'으로 묘사하다"였다.[1]

그 글은 다음과 같이 시작한다.

놀랍게도 복된 성체를 위해 발표된 요한 바울 2세의 "교회는 성체로 산다"의

---

1) "Mary Has a Place in Latest Encyclical" (Zenit, April 17, 2003, http://www.zenit.org/article-7085?l=english, accessed 09/2007).

회람 서신의 마지막 장은 동정녀 마리아에게 드려지고 있다.[2]

교황의 이 14번째 회람 서신에는 이러한 진술이 있다. "교회와 성체가 분리될 수 없이 연합되어 있다면 마리아와 성체도 그렇다고 해야 한다."[3] 성경 어디에서도 발견할 수 없는 근거를 가톨릭교회는 다음과 같이 말한다. 「제니트」는 교황의 글을 인용한다.

> 동정녀 마리아와 성체의 관계는 "성체적 믿음"이라고 불리는 언급에 의해 설명된다. "성체적 믿음"이란 마리아는 이미 "성체의 제도가 있기 전에 하나님의 말씀이 성육신할 수 있도록 그녀의 처녀 자궁을 드렸다는 사실"을 말한다.[4]

그 기사는 교황이 언급한 또 다른 엄중한 내용으로 결론을 내리고 있었다.

> 마리아는 성체 성사를 거행할 때마다 교회와 교회의 어머니로서 현존하신다. …다른 그 어떤 사람 안에서 보다 지극히 거룩하신 마리아 그분 안에서 성체의 신비는 빛의 신비처럼 그 자체를 더욱 드러낸다.[5]

이 언급이 의미하는 바가 무엇인지 생각해 보라! 가톨릭교회의 수장에 의하면 안수 받은 사제가 미사 중에 제병을 축성할 때 예수님만 현존하시는 것이 아니라 예수의 어머니도 또한 나타난다는 것이다. 물론, 이 말은 하나님만이 무소부재 하시다는 성경의 확언을 부정하는 것이다.

예수의 어머니라고 주장하는 어떤 여인이 한동안 전 세계적으로 많은 곳에서 나타났다는 사실이 여러 자료에 기록으로 남아있다. 이 내용에 대해 나의 또 다른 책 『새 포도주와 바벨론 포도나무』에서 다루긴 했지만, 이 주

---

2) Ibid.
3) Ibid.
4) Ibid.
5) Ibid.

제에 대해 철저하고 완벽하게 다룬 책은 짐 테트로우가 쓴 『하늘로부터 온 메시지』이다. 이 책은 가톨릭교회 및 마리아의 출현을 다루면서 출현한 마리아는 성경의 마리아가 아님을 드러낸다.[6] 마리아 출현에 관계하는 사람들은 마리아와 성체의 연관성을 부인하지 않는다.

2. 성체 헌신을 통한 평강

전 세계적으로 출현한 마리아는 성체의 중요성을 강조하고 있다. 마리아 출현이 점점 잦아지면서 성체 숭배도 증가하고 있다.[7] 이미 "복된 마리아"에게 헌신된 수백 수천만의 사람이 있다는 사실은 그리 놀라운 일이 아니다. 그녀의 메시지를 추종하는 사람들은 1862년에 가톨릭 성자 존 보스코의 흥미로운 예언을 알고 있다.

> 교회에 혼돈이 있을 것이다. 교황이 베드로의 배의 닻을 성체 헌신과 성모께의 헌신이라는 쌍둥이 기둥 사이에 내리는 것을 성공하기 전까지는 평강은 오지 않을 것이다. 이 일은 20세기가 끝나기 1년 전 정도에 있을 것이다.[8]

많은 사람들은 이 예언이 거의 완성되고 있다고 믿고 있다. 예를 들어, 최근 몇 년 동안 출현한 마리아는 영속적 성체 숭배 그룹을 형성하기를 권하였다. 이러한 그룹들은 현재 수천 개가 넘는다.[9] 그 단체들의 유일한 목적은 영속적으로 쉬지 않고 성체 예수를 예배하고 숭배하고 기도하는 것이다.

---

6) Jim Tetlow, *Messages from Heaven* (Fairport, NY: Eternal Productions, 2002).
7) 성체 숭배란 성체 안에 있는 예수께 가톨릭 신도 및 여러 다른 사람들에 의해 드려지는 예배와 기도이다. 진열된 성변화된 영성체 앞에서 무릎을 꿇고 예배하며 기도한다.
8) "Prophecies of Interest: St. John Bosco" (The American Inquisition, http://americaninquisition.blogspot.com/2006/02/prophecies-of-interest-st-john-bosco.html, accessed 09/2007).
9) The Real Presence Association: Churches and Chapels that have Eucharistic Adoration, http://ww.therealpresence.org/chap_fr.htm. This web site lists nearly 7,000 adoration sites in the US alone.

3. 성체와 마리아 시대

물론, 마리아 출현은 언제나 성체의 중요성을 계속 강조해 왔다. 특히 "하늘의 여왕"은 사제의 축성에 의해 성변화된 성체는 예수님의 실제 몸과 피와 영혼과 신성이 되었다고 되풀이하여 언급한다. 따라서 성체는 예배와 숭배를 받아야 한다는 것이다. 예를 들어, 지금은 매우 널리 알려진 사건으로서 1830년 빠리의 루두박의 카타리나 라브레 수녀에게 나타난 "마리아"는 성체 안에 그녀의 아들이 실제로 현존하다는 점을 강조하였다.

마리아 신학을 연구하는 신학자들은 1830년에 카타리나 라브레에게 출현한 마리아의 계시의 사건은 마리아 시대의 공식적인 시작이라고 다 같이 동의한다. 이 출현이 성체에 대한 주제를 말하였다는 사실은 그 이후로 19세기, 20세기, 심지어 지금 21세기까지 이어 계속 더 잦아지고 있는 마리아의 출현 및 그 메시지와 일치한다. 사실, 오늘날 거의 모든 유명한 출현은 성체의 중요성을 강조하고 있다. 마리아는 모든 신자들에게 구원에 필요한 은혜를 받기 위해 가능한 자주 복된 성체 성사를 받으라고 간절히 격려하고 있다. 그녀는 또한 성체 예수가 마지막 날들에 얼마나 중요한 역할을 하게 될지를 강조한다.

이러한 마리아 출현의 메시지와 함께 많은 성체 기적들이 보고되었다. 성찬의 제병이 피를 흘리며 박동하는 기적을 포함하여, 부패하지 않는 제병, 말하는 제병, 사람의 형상(아마도 예수겠다)으로 변하는 제병 등이 있다. 출현 장소에서의 기적들을 확인해 보면 기적적인 제병으로부터 흐르는 피는 진짜 피다. 마리아 출현과 함께 하는 이러한 기적들은 그리스도가 성변화된 제병의 모습으로 현존하신다는 사실을 증명하는 증거물로 제시된다.

4. 파티마의 성모(Our Lady)는 성체 성사를 강조한다.

마리아 출현을 신봉하는 사람들은 수세기에 걸쳐 나타난 출현은 성체 성사의 중요성을 더욱 지적하고 있다고 믿고 있다. 예를 들어, 토마스 페트리스코는 『비밀의 어머니』라는 책을 저작하여 주요 마리아 출현과 성체의 탁월함의 연관성을 흥미롭게 다루고 있다. 아래는 파티마 출현에 대한 그의 요약이다.

> 1917년 포르투갈 파티마에서 세 명의 목동 어린이들에게 나타난 복된 동정녀 마리아의 출현은 믿을 수 없는 표적과 비밀이 주어진 때와 장소로 가장 널리 알려진 사건이다. 그러나 이 사건들과 관련해서 하늘이 참으로 중요하게 여기는 골자는 신자들로 하여금 성체 안의 예수 그리스도의 참된 현존에 집중하게 하는 것이다. … 1916년, 동정녀 마리아의 첫 번째 출현이 있기 1년 전, … 그 어린이들은 왼쪽 손에 성찬 잔을 든 천사의 출현을 접했다. 제병은 성찬잔 위에 떠 있었고 제병으로부터 몇 방울의 피가 잔으로 떨어졌다. 공중에 성찬잔을 떠 있게 두고 그 천사는 그 어린이들 곁에 무릎을 꿇더니 그들에게 다음과 같은 기도를 세 번 반복하여 드리라고 말하였다. "오 지극히 거룩한 삼위일체 하나님, 성부, 성자, 성령님… 나는 죄악을 속죄하기 위해 이 세상의 모든 감실 안에 현존하시는 예수 그리스도의 가장 귀한 몸, 피, 영혼, 신성을 당신께 드립니다."[10]

5. 성체가 메쥬고레의 중앙 무대를 차지하다.

파티마 출현 장소에서 성체에 대한 강한 헌신이 있다는 것은 부인할 수 없다. 그러나 메쥬고레(Medjugorje)에 나타난 하늘의 여왕의 성체 강조는 더할 나위 없이 강하다. 메쥬고레의 성모는 환상가들(visionaries)에게 거듭 성

---

10) Thomas W. Petrisko, *Mother of the Secret* (Santa Barbara, CA: Queenship Publishing, 1997), p. 113.

체 안의 예수를 숭상하고 예배하며 또한 영성체에 자주 참여하라고 말했다. 메쥬고레 환상가 비카 이반코빅(Vicka Ivankovia)은 "복된 성모"가 그녀에게 성체 안의 그리스도의 참된 현존에 대해 설명했다고 말한다.

> 복된 성모께서 말씀하시길 미사 중에 예수는 인격적으로 만질 수 있는 형태로 오신다고 말한다. 우리는 예수를 물리적으로 잡아서 우리 몸 속으로 넣을 수 있다. … 이 방법이 예수님을 우리 마음에 영접하는 방법이다. 예수님은 성체를 통해 살아서 우리에게 오신다.[11]

메쥬고레를 방문했던 사람들이나 성모의 메시지를 점검한 사람들은 그 출현은 성체가 가톨릭의 삶의 원천이요 최고봉임을 가르친다고 확신한다. 예를 들어, 지금은 고인이 된 요셉 펠레티어 신부는 매우 유명한 신학자였는데 그는 그의 책『평화의 여왕이 메쥬고레를 방문하다』에서 메쥬고레 출현의 핵심 주제는 성체라고 말한다.

> 정보가 더 나올수록 더욱 분명해지는 것은 성체가 메쥬고레의 중앙 무대를 차지하고 있다는 사실이다. 성모께서는 맨 처음부터 성체에 대해 여섯 예언가들에게 말씀하셨다. 성모께서는 생각보다 훨씬 더 자주 나타나셔서 그 중요성을 말씀하셨다. 이는 교구가 왜 미사를 그토록 강조하고 또한 복된 성례의 공적 숭배를 강조하는지 그 이해를 돕는다.[12]

6. 메쥬고레의 성모는 성체로 인도한다.

르네 로랑탱 신부는 그의 책『메쥬고레에 동정녀 마리아가 나타났는가?』

---

11) Ibid., pp. 185-186.
12) Fr. Joseph A. Pelletier, *The Queen of Peace Visits Medjugorje* (Worchester, MA: Assumption Publications, 1985), p. 205.

에서 메쥬고레와 성체에 대해 펠레티어 신부가 언급한 것과 일치되는 내용을 말한다. 로랑탱의 글을 보자.

> 메쥬고레의 성모는 그리스도게로 인도한다. 어떤 기도가 최고의 기도인지 성모에게 물었을 때, 그녀의 대답은 "미사다. 미사의 위대함은 끝이 없다. 따라서 너희들은 언제나 겸손하게 미사 준비가 되어 있어야 한다"라는 것이었다. 메쥬고레에서 동정녀는 성체로 인도한다. 묵주와 출현이 미사 속으로 흘러 들어온다. 마리아는 가끔 어린 시절의 그리스도를 보여주기도 하고 (첫째 출현과 1983년 성탄에 나타난 출현에서) 수난의 그리스도를 보여주기도 한다. 우리에게 그리스도를 보여주면서 그녀는 끊임없이 "너희에게 무슨 말씀을 하시든지 그대로 하라"(요 2:5)고 말씀하신다."[3]

메쥬고레의 성모로부터 임한 다음 메시지는 가톨릭교회의 성체 비전과 조화를 이룬다.

> 사랑하는 자녀들아! 나는 너희가 특별히 이곳에 있어서 고맙구나. 제단의 가장 복된 성례를 쉬지 말고 숭배하거라. 나는 언제나 신자들이 예배하는 곳에 함께 한다(1984년 3월 15일).[14]
> 사랑하는 자녀들아! 오늘 나는 제단의 지극히 거룩한 성체와 사랑에 빠진 너희를 방문한다. 나의 어린 자녀들아, 너의 교구에서 그를 숭배하라. 이렇게 하여 너희는 온 세계와 연합될 것이다(1995년 9월 25일).[15]

---

13) Thomas W. Petrisko, *Mother of the Secret*, op. cit., p. 187.
14) Richard J. Beyer, *Medjugorje Day by Day* (Notre Dame, IN, Ave Maria Press, July 18th meditation, Message from Our Lady of Medjugorje given on March 15, 1984, http://medjugorje.org/mgs84.htm, accessed 09/2007).
15) "Our Lady of Medjugorje" (http://medjugorje.org/msg95.htm, accessed 09/2007, Message from Our Lady of Medjugorje, Sept. 25, 1995).

7. 가라반달은 성체를 강조한다.

스페인 가라반달(Garabandal)에서 나타난 마리아의 출현에 의한 메시지도 메쥬고레에서 주어진 메시지와 같은 소리를 낸다.

> 많은 희생 제사가 드려져야 한다. 많은 고백성사가 있어야 한다. 우리는 복된 성사에 많이 참여해야 한다. 그 이유는 무엇보다 우리 모두가 선해야 하기 때문이다. 만일 우리가 이렇게 하지 않으면 형벌이 우리를 기다리고 있다.[16)]

페트리스코는 그의 책 『비밀의 어머니』에서 스페인 가라반달에서의 성체의 중요성을 강조한 다음 내용들을 썼다.

> 가라반달에서의 출현은 분명히 초자연적이고 예언적인 요소가 있지만, 그 메시지는 많은 전문가들이 해석해 볼 때 주로 성체에 대한 것이다. 이 견해에 대한 증거는 마리아의 메시지를 받는 환상가들을 찍은 사진에 의해 더욱 확실하게 나타나는데, 그들이 천사로부터 그들의 혀로 메시지를 받을 때 보이다가 사라지는 성찬 제병이 나타난다는 사실이다.[17)]

테드와 모린 플린은 그들의 책 『공의의 천둥소리』에서 가라반달의 메시지는 주로 성체를 주제로 한다고 인정한다.

> 가라반달에서의 또 다른 놀라운 사건은 성체의 중요성을 강조했다. 천사가 금잔을 들고 나타났다. 천사는 자녀들에게 그들이 받으려고 하는 그분을 생각하라고 부탁했다. 그 천사는 그들이 따라할 고백의 기도를 가르쳤다. 그 후 그는 그들에게 영성체를 주었다. 그는 또한 그들에게 "그리스도의 영혼"(Anima

---

16) "Garabandal - Pines Will Enlighten The World" (http://www.circleofprayer.com/garabandal-messages.html, accessed 09/2007, Message from Our Lady of Garabandal given on October 18, 1961. Error in original quote).

17) Thomas W. Petrisko, *Mother of the Secret*, op. cit., p. 157.

Christi)이라는 기도문을 감사 가운데 드릴 수 있도록 가르쳤다. 이러한 직접적인 개입 사건은 코시오의 이웃 마을로부터 사제가 가라반달에 오지 못할 때마다 규칙적으로 발생했다.[18]

8. 모든 곳에서 마리아는 성체를 강조한다.

이 지구상의 네 귀퉁이에서 나타난 출현은 같은 공통적이고 중심적인 주제를 표명한다. 즉, 성체는 세상을 변화시킬 수 있는 능력이 있다는 것이다. 성체는 예배를 받아야 하며, 성체 숭배는 평화와 통합을 가져올 것이다. 암스텔담, 홀랜드, 아키타, 일본, 이태리의 로마, 한국의 나주, 뉴욕의 베이사이드, 헝가리의 부다페스트 등, 이러한 다양한 장소에서 주는 메시지들은 전부 바로 이 한 가지 사상을 전달하고 있다. 다음은 성체의 중요함을 강조하고 있는 여러 메시지 중에 몇몇을 나열한 것이다.

> 성모는 로마의 마리사 로시에게 개인적으로 나타나셨다. 1993년 6월에 성모가 부탁하셨다. 성체에 대한 그녀의 메시지들은 모든 사람에게 알려져야 한다. 성모는 말씀하신다. "나는 성체의 어머니다." 그녀는 이 위대한 성례를 위한 새롭고 강한 헌신이 온 세상에 퍼지기를 원하신다.[19]

> 축성 중에 나는 갑자기 성찬배(chalice)로부터 빛이 흘러나오는 것을 보았다. …

> 영성체에 참여한 후 제 자리로 돌아왔을 때, 성변화된 제병이 내 혀에서 움직이기 시작하였고 나는 "너는 지금 주님을 만났다"라는 성모의 음성을

---

18) Ted and Maureen Flynn, *The Thunder of Justice* (Sterling, VA: MaxKol Communications, Inc., 1993), p. 164.
19) "Our Lady is Appearing in Rome," "Messages of the Mother of the Eucharist" (http://members.aol.com/Linden59/EucharisticMiracles.html, accessed 09/2007), Messages to the visionary Marisa Rossi).

들었다.[20]

너는 사람이며 하나님이신 예수가 참으로 제병 안에 현존하다는 사실을 굳게 믿어야 한다. 너는 그를 정말로 만날 수 있으며 무엇보다 성체 안에서 주님과 연합한다는 사실을 믿어야 한다.[21]

나의 아들은 언제나 성체 내에 있을 것이다. 정식으로 안수를 받은 법적인 대표자인 너희 사제의 거룩한 손은 언제나 성체를 통해 나의 아들의 몸과 피를 너희에게 가져다 줄 것이다. … 나의 아들은 너희에게 물질적으로 그리고 영적으로 간다.[22]

너희는 성체의 성녀들(the Handmaids)의 기도를 잘 따라 하는가? 그렇다면 함께 기도하자. … "오 예수님, 가장 복된 성례에 실제로 현존하시는 주님. 내 몸과 영혼이 당신의 거룩한 마음과 하나가 되도록 저를 주께 드립니다. 주의 거룩하신 마음은 이 세상의 모든 제단 위에서 화체가 되어 희생으로 드려졌습니다. 따라서 나는 아버지께 영광을 돌리며 주의 왕국이 임하길 간구합니다."[23]

오늘날에 너희는 많은 성체 현상들이 발생하는 소식을 들을 것이다. 너희는 복된 성체 안에 있는 나의 신적인 아들을 향한 전적인 경외감을 새롭게 하게 될 것이다. 그리고 곧 감실이 교회 내에서 마땅한 자리와 적절한 위치로 다시 자리

---

20) Josef Kunzli, editor, *The Messages of the Lady of All Nations* (Santa Barbara, CA: Queeenship Publishing, 1996), p. 110, message given on May 31, 1967.
21) Peter Heintz, *A Guide to Apparitions* (Sacramento, CA: Gabriel Press, 195), p. 219, message from Our Lady to visionary Sister Dolores of Budapest, Hungary.
22) "Consecrated Hands," Our Lady of the Roses, Directives from Heaven (taken from TheseLastDays, Lowell, MI, #228, http://www.tldm.org/directives/d228.htm, accessed 09/2007), messages from Our Lady of the Roses to Veronica Lueken, November 23, 1974.
23) Teiji Yasuda, O.S.V., English version by John M. Haffert, *Akita;The Tears and Message of Mary* (Asbury, NJ: 101 Foundation, 1989), pp. 194-195. message from Our Lady of Akita, Japan to Sr. Agnes Sasagawa, July 6, 1973.

잡게 될 것이다.[24]

나는 성체 그리스도의 형상이 여러 가지로 나타나게 하였다. 그래서 나의 모든 자녀들이 성체 성사의 중요성을 이해하도록 하였다. 급히 복된 성례 안에 계신 주님을 향한 사랑과 준비와 숭배의 열정을 타오르게 하라.[25]

위의 메시지들 중에 마지막 메시지는 대단히 흥미로운 내용을 담고 있는데, 마리아 출현은 '마리아' 자신이 그러한 표적과 기적들이 발생하도록 하고 있다는 사실이다(제병 그 자체에서 자연적으로 발생하는 그러한 기적이 아니다). 다른 말로 하면 출현과 함께 나타나는 초자연적인 기적들은 제병이 참으로 예수의 피와 살인 것처럼 하기 위해 발생한다는 것이다.

9. 예수의 성체적 통치

마리아의 출현은 그녀의 출현의 최종 목적이 예수의 성체적인 통치를 들여오는 것이라고 설명한다. 사제들의 마리아 운동의 대표인 곱비(Gobbi) 신부에게 나타난 마리아는 성체 예수가 곧 인류를 변화시킬 것이라고 선포했다고 한다.

오늘 나는 모든 사람들이 다가오시는 예수 그리스도에게 문을 활짝 열기를 부탁한다. 나는 재림의 어머니이며 새 시대에 열리는 문이다. 이 새 시대는 예수의 성체적 통치의 가장 위대한 승리와 함께 열릴 것이다. 이 때문에 나는 여러분들이 이 예외적인 해(year)에 지극히 거룩한 성체를 향한 사랑과 준비와

---

24) "Apparitions of Jesus and Mary" (Message given by Our Lady to Cyndi Cain, USA, Sept. 8, 1994, http://web.archive.org/web/20000823193220/http://web.frontier.net/Apparitions/Cain.msgs94.html, accessed 09/2007).

25) "The Story of Naju" (http://www.circleofprayer.com/juliakim.html, accessed 09/2007), messages from of Our Lady to Julia Kim, Naju, Korea, June 27, 1993.

숭배의 행위가 모든 곳에서 흥왕하게 될 수 있도록 힘쓰기를 부탁한다. …
성체가 여러분의 기도와 삶의 중심이 되도록 하라.[26]

사실, 그리스도의 영광스러운 통치의 도래는 너희 가운데 그의 성체적 통치가 가장 두드러지게 영광을 나타내는 때가 될 것이다. 성체적 예수는 그의 모든 사랑의 능력을 베풀 것인데, 그 능력은 교회와 온 인류의 영혼을 변화시킬 것이다.[27]

그리스도의 영광스러운 통치는 그리스도의 성체 통치의 승리와 함께 할 것이다. … 예수는 무엇보다 그의 성체적 현존의 신비를 나타내게 될 것이다.[28]

10. 연결 고리 세우기

마리아 전문가들은 파티마에서 예언된 '마리아'의 성심(Immaculate Heart)의 승리는 복된 성체의 영속적 숭배와 직접 연결될 것이라는 점에 동의한다. 저널 「무원죄」(*Immaculata*)에서 글을 쓰는 마틴 루시아 신부는 모든 마리아 출현은 예수의 성체적 통치로 영광스럽게 귀결될 것이라고 설명한다.

모든 마리아 출현의 메시지는 과거든 현재든 상관없이 마리아의 성심의 승리는 예수의 거룩한 마음의 성체적 통치로 귀결될 것을 말한다. 성체적 통치는 복된 성례 안의 예수에 대한 영속적인 숭배를 통해 올 것이다.[29]

---

26) Fr. Don Stefano Gobbi, *To the Priests, Our Lady's Beloved Sons* (St. Francis ME: The National Headquarters of the Marian Movement of Priests in the United States of America, 1998), p. 676, message given to Father Gobbi, February 26, 1991, Brazil.
27) Ibid., p. 640, message given to Father Gobbi, April 12, 1990, Italy.
28) Paul A. Mihalik, *The Virgin Mary*, Fr. Gobbi and the Year 2000 (Santa Barbara, CA: 1998), p. 29, message to Father Gobbi, given on November 21, 1993, Australia.
29) Thomas W. Petrisko, *Mother of the Secret*, op. cit., p. 268.

교황이 그의 "구속주 마리아"라는 회람 서신에서 출현의 결국에 대해 친히 말했다는 사실은 과히 놀랄 만한 일이 아니다.

> 경건한 기독교 백성들은 항상 복된 동정녀에 대한 헌신과 성체 예배 사이의 심오한 연결을 바르게 느껴왔다. 이 사실은 서방과 동방의 예배 집전에서 발견되며, 종교적인 가문의 전통에서, 청년 및 마리아 사당의 목회 실습의 현대 영성 운동에서 발견된다. 마리아는 충성된 신자들을 성체로 이끈다.[30]

11. 성체 기적들

물론, 성경의 겸손한 마리아는 성체에 대해 언급한 적이 없다. 또한 그리스도의 제자들에게 성체를 예배하라고 가르친 적도 없다. 그러나 전세계적으로 "성체의 어머니"로부터 오는 메시지를 살펴보면 마리아라고 주장하는 출현들마다 추종자들에게 성체 안의 그리스도의 실체 현존에 집중하라고 일관한다. 마치 '마리아'의 메시지를 더욱 확실히 하려는 것처럼 이렇게 마리아의 출현 장소마다 피를 흘리는 제병 등과 같은 성체 기적들이 발생하고 있다.

예를 들어, 후에 마리아 출현으로 유명해진 베네수엘라의 베타니아에서는 피 흘리는 성찬 제병이 화학적으로 분석되었다. 그 분석된 샘플은 사람의 피로 증명되었다. 『묵상의 집 형성 메뉴얼 및 기도책』에는 베타니아의 성체 기적이 요약되어 기록되어 있다. 이 책은 신적 자비의 성체 사도들(the Eucharistic Apostles of Divine Mercy)에 의해 배포되고 있으며 많은 성체 기적들을 시대별로 나열하고 있다.

나열된 모든 기적들은 수백 년 전에 발생한 것들이다. 그러나 베네수엘라의

---

30) Pope John Paul II, "Mother of the Redeemer" (Origins, Volume 16, Washington, DC, March 25, 1987), p. 762, encyclical,http://www.cin.org/jp2ency/jp2mot.html, accessed 09/2007).

베타니아에서 미사 중에 발생한 기적은 1991년 무염시태 축제일에 있었다. 우리 주님의 진짜 몸인 성변화된 제병은 피를 흘리기 시작했다. 공인된 의료팀은 제병으로부터 흘러나온 그 물질은 사람의 피라고 결론지었다. 교구 주교는 그것을 화체의 표시로 선언하였다. "하나님은 성변화된 제병을 향한 우리의 믿음이 올바른 것이라고 우리에게 증거해 주신다."

다른 많은 예외적 사건들이 베타니아에서 발생하였다. 그 중에는 수천 명이 목격하는 가운데 복된 성모의 여러 출현이 있고, 신체적인 치유와 영적인 치유가 있었으며 마리아 에스테란자라는 수도승은 기도 중에 성흔, 탈혼, 공중부양의 은사를 받았다. 주교도 친히 그 현상을 목격하였기 때문에 신중한 연구 후에 목회 편지에 쓰길, '그 출현은 진짜이며 초자연적인 성격을 띠고 있다고 선포한다'라고 하였다.[31]

더 많은 예들이 얼마든지 인용될 수 있을 것 같다. 예를 들어, 독일의 스티치에서는 제단보에 얼룩을 남긴 피 흘리는 제병이 있었다. 취리히대학의 종합 의료 기관에서는 제단보를 가져가 화학적으로 분석을 하였다. 그 기관의 누구도 그 얼룩이 어떻게 남겨진 것인지 미리 알지 못했다. 얼룩은 4가지의 다른 화학 분석에 의해 조사되었는데 각 조사마다 결론이 같았다. 그 얼룩은 사람의 피였다.[32]

12. 예수의 출현이 성체 그리스도를 확증하다.

마리아의 출현이 의심하는 자들에게 확신을 주지 못하고, 또한 기적들이 조소자들을 설득하지 못한다고 하더라도 더 이상의 질문이나 조사마저도

---

31) Bryan and Susan Thatcher; Seraphim Michalenko, M.I.C., *Cenacle Formation Manual and Prayer Book* (Stockbridge, MA: The Association of Marian Helpers, 1999), p. 81.
32) "Betanja - I come to reconcile them" (http://members.aol.com/bjw1106/marian9.htm, accessed 09/2007).

그 신빙성에 문제가 없을 더 강력한 증거들이 나오고 있다. 물론 이 증거들은 성경적으로 볼 때 기껏해야 죄악된 것이고 더 강력하게 말한다면 신성모독적인 것들이다. 그것은 바로 예수 자신이 직접 나타나고 있는 사실들이다. 그렇다. 예수의 출현이 아직은 잦지 않지만 전세계적으로 그의 출현이 보고되어 왔다. 그리고 그 출현들 역시 성체 안에 예수의 진짜 현존에 초점을 둔다. 캐나다 알버타에서 발생한 출현에 대한 묘사를 들어보자.

> 영성체 후에 나는 성광 속에 담긴 제병을 볼 수 있었다. 그런데 갑자기 제병이 사라졌다. 예수가 말했다. "나의 사랑하는 백성들아, 오늘 너희는 미사에서 빵과 포도주로 임한 나의 현존과 함께 내가 제정한 나의 복된 성사를 거행하는구나. 믿어라, 나의 충성된 자들아. 나는 성변화된 빵과 포도주에 실제로 현존한다. 너희는 나의 실제 피가 믿지 않는 자들을 향한 증명으로서 제병으로 흘러나오는 많은 기적을 목격하였다. 나는 너희에게 말하는데, 모든 미사에서 너희는 빵과 포도주가 나의 몸과 피가 될 때 나의 화체의 기적을 목격하는 것이다. 제병으로 보이는 나를 숭배하는 이 기회의 특권을 누리라. 앞으로 이러한 특권을 빼앗길 날이 오기 때문이다. 나는 너희 모두에게 너희 사제들을 격려하여 나의 제병을 영속적으로 숭배할 것을 부탁한다.[33]

> 많은 기적들이 과학자들에 의해 진짜 피로 증명되었다. 이러한 사실과 과학적인 증명이 있음에도 불구하고 여전히 나의 실제 현존을 믿지 않는 많은 사람들이 있다. 나의 현존을 거부하는 것은 나의 성체 선물을 가장 모독하고 무시하는 행위이다. 바로 이러한 이유 때문에 나의 현존을 부인하는 자들은 그들의 죄악을 고백할 필요를 깨닫지 못한다. 이러한 기적들을 무시하고 나의 실제 현존에 대항하여 가르치는 사람들은 참으로 신성모독을 범하는 자들이다. … 나의 복된 성례를 사랑하지 않는 그들은 미지근한 자들로서 내가 나의 입에서 토하여 내칠 것이다.[34]

---

33) John Leary, *Prepare for the Great Tribulation and the Era of Peace* (Santa Barbara, CA: Queenship Publishing, 1997, Volume VII), pp. 57-58, message from "Jesus" to John Leary.
34) Ibid., Volume XI, p. 8.

13. 왜 성체인가?

보고된 더 많은 성체 메시지들과 기적들이 있다. 그러나 우리는 '왜'라는 질문을 해 보아야 한다. 왜 마리아의 출현은 신자들에게 성변화된 제병을 예배하고 숭배하도록 격려하는 것일까? 성체에 대한 그녀의 많은 메시지들은 전세계적으로 수천 수만의 성체 기도 단체와 영속 성체 숭배 그룹을 형성하도록 자극하여 왔다. 이것이 그녀의 목표인가? 분명히 그렇다! 그러나 그녀는 혹시 더 큰 계획이 있는 것은 아닐까?

짐 테트로우는 그의 책 『하늘로부터 온 메시지들』에서 마리아의 출현은 성경과 상반되며 거짓 복음을 제시하고 있음을 성경을 통해 보여준다. 그녀는, 더 정확하게 말하면 성경의 마리아가 아니며 오히려 사탄의 모조품이다. 마귀는 세상을 이끌어 성경의 참된 예수님을 예배하고 신뢰하도록 할 리 없다. 그렇다면 이러한 사기꾼들은 세상의 사람들을 미혹하여 "다른 예수" 또는 거짓 그리스도를 예배하도록 하는 것이 아니겠는가?

성체 그리스도에게 관심을 쏟게 만드는 것은 교황뿐만 아니라 예수의 어머니라고 주장하는 출현들이다. 성체 예수를 향해 온 세상을 이끌려는 그들의 비전은 과연 실제로 일어날 수 있을까?

제 11 장
그리스도의 성체적 통치

　예수 그리스도는 창세기로부터 계시록까지 성경 전반에서 발견된다. 구약은 예수님이 나시기 전 수백, 수천 년 전에 오실 메시아를 예언하고 있다. 구세주는 베들레헴에서 나실 것이다(미 5:2). 그분은 동정녀에게 나실 것이다(사 7:14). 그분은 완전한 하나님이시며 사람일 것이다(사 9:6-7). 그분은 아브라함의 씨이고(창 12:3; 22:18) 다윗 왕의 후손일 것이다(렘 23:5-6). 그분은 죄 없는 삶을 사실 것이다(사 53:9, 11). 그분은 우리의 죄악을 위해 십자가에서 돌아가실 것이다(시 22:16; 슥 12:10; 사 52:13-53:12). 그분은 죽음에서 부활하실 것이다(시 16:10; 49:15; 말 4:2). 그분은 하늘로 승천하실 것이다(시 68:18).

　신약과 역사는 예수께서 이 모든 예언들과 그 이상을 다 이루셨음을 확증한다. 우리는 예수님이 부활하신 이후 하늘로 육체적으로 승천하시기 전에 주의 제자들과 많은 다른 사람들에게 육체로 나타나셨음을 듣는다.

　내가 받은 것을 먼저 너희에게 전하였노니 이는 성경대로 그리스도께서 우리 죄를 위하여 죽으시고 장사 지낸 바 되셨다가 성경대로 사흘 만에 다시 살아나사 게바에게 보이시고 후에 열두 제자에게와 그 후에 오백여 형제에게 일시에 보이셨나니 그 중에 지금까지 대다수는 살아 있고 어떤 사람은

> 잠들었으며(고전 15:3-6).
> 예수께서 그들을 데리고 베다니 앞까지 나가사 손을 들어 그들에게 축복하시더니 축복하실 때에 그들을 떠나 [하늘로 올려지시니](눅 24:50-51).
> 이 말씀을 마치시고 그들이 보는데 올려져 가시니 구름이 그를 가리어 보이지 않게 하더라(행 1:9).

하나님의 말씀은 예수께서 현재 하나님 우편에 계시며 다시 오실 것이라고 말한다.

> 오직 그리스도는 죄를 위하여 한 영원한 제사를 드리시고 하나님 우편에 앉으사 그 후에 자기 원수들을 자기 발등상이 되게 하실 때까지 기다리시나니(히 10:12-13).
> 옛적에 선지자들을 통하여 여러 부분과 여러 모양으로 우리 조상들에게 말씀하신 하나님이 이 모든 날 마지막에는 아들을 통하여 우리에게 말씀하셨으니 이 아들을 만유의 상속자로 세우시고 또 그로 말미암아 모든 세계를 지으셨느니라. 이는 하나님의 영광의 광채시요 그 본체의 형상이시라 그의 능력의 말씀으로 만물을 붙드시며 죄를 정결하게 하는 일을 하시고 높은 곳에 계신 지극히 크신 이의 우편에 앉으셨느니라(히 1:1-3).
> 올라가실 때에 제자들이 자세히 하늘을 쳐다보고 있는데 흰 옷 입은 두 사람이 그들 곁에 서서 이르되 갈릴리 사람들아 어찌하여 서서 하늘을 쳐다보느냐 너희 가운데서 하늘로 올려지신 이 예수는 하늘로 가심을 본 그대로 오시리라 하였느니라(행 1:10-11).

1. 재림인가 아니면 나타남인가?

압도적인 성경적 증명에도 불구하고 그리스도인이라고 주장하는 모든 사람들이 위의 성경 구절들을 문자적으로 동의하지는 않는다. 특히 예수님이 주의 영광스러운 몸으로 다시 오셔서 통치하시기 전에 성체 안에서 나타나신다고 믿는 사람들이 있다.

이 장에서 우리는 예수의 재림 및 마지막 날들과 관련하여 성체 그리스도의 역할이 무엇인지 살펴보길 원한다. 성경은 분명히 그리스도의 재림은 순간적으로 임하며 지구의 모든 사람이 예수의 재림을 동시에 목격할 수 있도록 오신다고 가르친다.

> 볼지어다 그가 구름을 타고 오시리라 각 사람의 눈이 그를 보겠고 그를 찌른 자들도 볼 것이요 땅에 있는 모든 족속이 그로 말미암아 애곡하리니 그러하리라 아멘(계 1:7).

그러나 성체 그리스도와 관련한 가르침은 소위 "예수의 성체적 통치"라고 불리는 또 다른 재림의 시나리오를 위해 세상을 준비시키는 것처럼 보인다.

2. 예수의 출현들

마이클 브라운은 취재 기자이다. 그의 회심 체험은 1983년에 있었다. 그 이후로 그는 전세계를 다니며 마리아가 출현했다는 25개의 장소를 방문했다. 그는 많은 책들을 저술하였고 그의 글들은 「리더스 다이제스트」, 「뉴욕 매거진」, 「월간 아틀란틱」, 「디스커버」, 「뉴욕 타임즈」 등과 같은 정기 간행물에 실리고 있다.[1]

브라운의 웹 사이트는 스피릿 데일리(Spirit Daily)다. 그는 매일 현재 발생하는 사건들과 함께 성경 예언에 대한 그의 관점의 글들을 올린다. 그의 많은 주석들은 마리아 출현과 관련한 주제들을 다루고 있으며, 그는 이러한 출현들은 세상으로 하여금 앞으로 닥칠 일에 대하여 준비하게 하는 역할을 한

---

1) Michael H. Brown, *The Final Hour* (Goleta, CA: Queenship Publishing, 1992), p. xii.

다고 믿는다. 성체에 대한 그의 글들은 우리에게 인류가 그리스도의 성체적 통치로 특징되어지는 새로운 시대로 들어가고 있다는 메시지를 전달한다.

2003년 7월 1일, 스피릿 데일리에 그리스도와 미래의 주제를 다루는 두 개의 글이 올라왔다. 하나는 "예수의 나타남은 실물 크기와 비슷한 형태를 취할 수 있다"라는 제목의 글이다. 그 내용을 보자.

> 뭔가 있을 것이다. 그렇지 않겠는가? 마리아가 현재 출현하는 것처럼 예수가 저 먼 어디선가 나타난다고 하면 어떻겠는가? 우리는 그 효과가 어떠할지 상상할 수 있을 뿐이다. 순례자들이 홍수처럼 밀릴 것을 상상할 수 있을 뿐이다.
>
> 우리는 이미 복된 성모가 파티마, 루르드, 메쥬고레에서 나타났다는 사실을 알고 있다. 수천 수백만, 수억의 사람들이 소위 신학자들이 일등급 "육체적" 출현으로 분류한 그곳에서 은혜를 체험하기 위해 마리아 출현 장소마다 몰려가고 있다.
>
> 그 출현들은 단순한 환상들이 아니었다. 그 출현들은 잠깐 동안의 나타남이 아니었다. 그 출현들은 일등급 출현이었다. 만일 예수 그리스도의 일등급 육체적 출현이 발생한다면 얼마나 더 많은 은혜가 그곳에 있겠는가?
>
> 그리스도의 승천 이후로 예수 출현과 같은 그러한 일은 발생한 적이 없었다. 그렇다. 셀 수 없이 많은 사람들이 주님을 보았다. 많은 신비주의자들이 개인적으로 주님을 보았다고 주장하여 왔다.[2]

브라운은 그의 요점을 분명하게 한다. 마리아 출현은 일반적이고 널리 퍼져 있지만 그리스도의 "일등급 육체적" 출현은 단 한 번도 기록되어 있지

---

[2] Michael H. Brown, "Manifestation Of Jesus Could Take Form That's Similar to Full-Scale Apparitions" (Taken from Spirit Daily on July 1, 2003, http://web.archive.org/web/20030823145349/http://www.spiritdaily.com/manifestation2.htm, accessed 09/2007).

않다. 브라운은 다음과 같이 말한다.

> 그렇지 않다. 주님은 뒤에서 더 엄청난 출현을 위해 기다리고 계시다. 마치 성모가 그 길을 예비해 오신 것 같다. 그녀의 출현은 주님이 어느 날 어떻게 출현할 것인지에 대한 선구적 출현이다. 동시에 우리는 주의해야 한다. 만일 그러한 출현이 있다면 속임수일 수도 있기 때문이다. 성경이 경고한 것처럼 그리스도가 여기 있다 또는 광야에 있다고 할 때 그런 말을 듣지 말라고 하지 않았던가?[3]

3. 그리스도의 출현

마이클 브라운은 재림과 관련한 거짓 그리스도의 출현에 대한 마태복음 24장의 경고를 알고 있다. 그렇지만 그는 그 경고를 심각하게 여기지는 않는 것 같다. 같은 날 그는 "예언들은 매우 중요한 질문을 불러일으킨다. 우리는 재림을 직면하게 되는가 아니면 출현을 직면하게 되는가?" 이 글에서 브라운은 분명히 성체 그리스도를 가리키는 재림에 대한 흥미로운 시나리오를 제공한다.

> '출현'이란 무슨 의미인가? 우리는 지난 20년 동안 예언의 돌풍과, 예수님이 곧 출현하시거나 또는 심지어 공식적으로 재림하실 것이라는 최근의 예측으로 인해 이러한 질문을 하게 된다. 우리 마음에 핵심이 되는 질문은, 과연 어떤 일이 더 일어날 확률이 높을까? 하는 것이다. 출현일까 아니면 실제 재림일까? … 주님으로 확증되는 많은 출현이 있지는 않을까? 복된 성체 성사와 관련하여 훨씬 강력한 능력(물론 기적들)이 나타나는 것은 아닐까?[4]

---

[3] Ibid.
[4] Michael H. Brown, "Predictions Provoke Key Question: Do We Face Second Coming or A Manifestation?" (Taken from *Spirit Daily*, http://www.spiritdaily.org/New-world-order/manifestation.htm, accessed 09/2007).

브라운은 자신이 물은 질문에 대해 미래에 예수께서 이 땅에 어떻게 나타날 것인지에 대한 자신의 믿음을 분명히 한다. 그는 지금까지 마리아 출현은 흔하였지만 이제 미래에 비슷한 형태로 그리스도가 출현할 것이라고 제시한다. 그의 글을 보자.

> 지금 그러한 출현들은 주로 복된 성모와 관련되어 있다. 하지만 곧 그리스도의 출현이 우세하게 되지 않을까? 과달루페에서 나타난 그 유명한 형상처럼 그리스도의 형상이 기적처럼 나타날 그날이 오지 않을까? 마리아가 루르드, 메쥬고레, 파티마 등에서 나타난 것과 같은 방법으로 그리스도께서 출현하지 않으실까?[5]

브라운에 의하면 예수님의 출현은 온 세상과 온 세상의 종교에 엄청난 영향을 미칠 것으로 본다. 또한 아무도 기대할 수 없는 형태로 나타날 것으로 보고 있다.

> 이 일이 앞으로 발생하지 않을까? 그리스도께서 부활 후 40일 동안 나타나셨던 것처럼 이 세상의 여러 다양한 곳에서 사람들에게 곧 나타나시지 않으실까? 이미 무슬림들 중에는 예수의 꿈을 받은 사람들이 있다는 보고들이 있으며, 교회가 공적으로 승인한 장소로서 베네수엘라 베타니아에서는 예언자 마리아 에스페란자가 최근에 예언하길 예수가 많은 사람들이 생각하지 못하는 '매우 다른' 방법으로 올 것이라고 말하였다.[6]

그 다음 브라운은 또 다른 핵심을 지적한다. 그는 이러한 출현이 재림에 대한 가톨릭의 입장과 잘 맞는다는 것이다. 가톨릭은 그리스도께서 문자적으로 재림하여 천 년 동안 이 땅에서 통치할 것이라는 많은 복음주의 그리스도인들의 믿음을 부인한다. 브라운의 말을 들어보자.

---

5) Ibid.
6) Ibid.

이러한 출현은 주께서 우리에게 "밤에 도적같이" 올 것이라는 성경의 경고를 기억나게 한다. 이는 아마도 힌트로서 주신 것인데 많은 복음주의자들이 믿는 마지막 재림이라기보다는 계속되는 초자연적 출현을 의미하는 것 같다. 많은 사람들이 믿는 복음주의적 믿음은 주께서 실제 몸과 피를 가진 메시야로 오셔서 문자적으로 일천 년 동안 이 땅을 통치하실 것이라고 하는데, 가톨릭은 이러한 개념을 거절한다.[7]

주님의 이 땅에서의 문자적인 일천 년 통치가 가톨릭교회에 의해 부인될 지라도 요한계시록 20장의 내용은 매우 분명하다. 그 장에는 예수님의 문자적 일천 년 통치가 분명하게 서술되어 있다. "우상에게 경배하지 아니하고 그들의 이마와 손에 그의 표를 받지 아니한 자들이 살아서 그리스도와 더불어 천 년 동안 왕 노릇하니"(계 20:4). (역자 주 – 로저 오클랜드는 전천년설을 지지하고 있다.)

4. 성체적 출현

안타깝게도 마이클 브라운과 여러 많은 사람들은 진리의 말씀보다 출현의 메시지들을 더 의지하고 있다. 브라운은 자신의 출현 이론은 초자연적 출현 메시지들에 근거한 것이라고 확언한다. 자신을 성체의 어머니로 부르는 '마리아'는 그녀의 아들 성체 그리스도의 다가오는 통치를 예언한다. 브라운이 쓴 글을 보자.

> 메쥬고레에 나타난 성모 마리아로 간주되는 그 여인은 1984년 1월 8일에 예언자들에게 말했다. "예수가 다시 구유에 오실 것이라고 생각하지 말라. 친구들아. 그는 너희 마음속에서 나실 것이다." 이는 성체 출현과 영적 갱신을

---
7) Ibid.

암시하는 것 아니겠는가? 이 내용은 또한 맨 처음 그 유명한 예언자 마리아 에스케란자에 의해 짧게 예언된 것과 같다. "그가 부활 직후 사람들에게 나타나신 그 방법대로 하나님은 당신과 나에게 나타나실 것이다." 우리는 이 예언이 공식적인 재림에 대한 것인지 아니면 출현에 대한 것인지 분별해야 한다.[8]

예수님의 재림에 대한 브라운의 시나리오는 특이한 것이 아니다. 지난 수년 동안 나는 다른 많은 사람들이 이와 비슷한 시나리오를 옹호하는 것을 발견하였다. 영속적 숭배(the Perpetual Adoration) 웹 사이트를 가보면 그리스도의 이 땅에서의 통치에 관한 요셉 야누치의 관점이 나와 있다. 그 글은 다음과 같다.

> 그의 책 『천년 왕국과 말세에서의 하나님 왕국의 승리』에서 그는 어떤 기간 동안 이 땅에서는 그리스도 왕국의 흥왕이 지속될 것이라고 주장한다. 그러나 그 기간은 꼭 일천 년이라고는 할 수 없다. 그 기간 동안 이 땅에는 그리스도의 영광스러운 통치가 있을 것인데 신체적 사람의 모습이 아니라 성체로 다스릴 것이다. 이 기간에 대해 그는 예수님의 성체적 마음이 "충성된 자들의 마음에 지금까지 전혀 없었던 그러한 강렬한 숭배와 예배의 영을 장려할 것"이라고 말한다. 영속적 숭배가 전 세계적으로 퍼지는 현상은 아마 더 큰 것이 앞으로 올 것이라는 표지는 아닐까?[9]

5. 세상의 가장 큰 비밀이 드러나다.

토마스 페트리스코는 『비밀의 어머니: 한때 교회의 가장 큰 비밀이었던

---

8) Ibid.
9) "The Eucharist in the New Millenium" (Newsletter of the North American Apostolate of the Missionaries of the Blessed Sacrament, http://www.perpetualadoration.org/we2000.htm, Winter/Spring 2000, Volume 15, No. 1, accessed 09/2007).

것을 성체 기적들로부터 마리아의 출현까지 하늘이 조명하며 보호하기를 추구하다』라는 제목의 책을 썼다. 이 책은 그리스도의 성체적 통치가 무엇인지 설명한다. 페트리스코는 성체의 그리스도의 현존은 항상 가톨릭교회의 성스러운 믿음이였다고 하면서, 그가 믿기는 이제 온 세상이 그리스도의 성체 통치를 목격할 날이 오고 있다는 것이다.

페트리스코의 책의 뒷면에 개요가 있는데 그 내용은 다음과 같다.

> 페트리스코는 우리를 위해 우리 믿음의 중요 부분과 관련하여 열광을 불러일으킬 역사를 추적한다. 그는 한때 교회의 가장 큰 비밀이었던 것이 어떻게 영광스러운 새 시대의 모퉁잇돌이 될 수 있는지 보여준다. 이제 곧 임할 그 새 시대에서는 예수 그리스도께서 거룩한 성체 성사를 통해 전 세계를 다스리게 될 것이다.[10]

페트리스코는 "새 시대"(new era)가 무엇을 의미하는지 분명하게 한다.

> 선견자들은 인류가 세속적 불가지론에서, 특히 무신론의 영역에서 초자연적인 현상 가운데 하나님의 실체와 믿음으로 가득한 세상으로 들어가게 될 것이라고 내다본다. 선지자들은 말하길, 인류는 이 실체에 대한 확실한 믿음과 신뢰를 갖고 흥왕하게 될 것이며 참된 평화가 다스릴 것이고 교회가 최고 통치 자리에 있을 것이라고 한다. 가장 두드러진 것으로는 많은 가톨릭 선견자들은 세상이 마침내 거룩한 성체 성사에 기적적으로 현존하시는 예수 그리스도를 통한 은혜와 자비와 능력을 깊게 이해하게 될 것이라고 보고 있다는 점이다.[11]

마이클 브라운처럼 페트리스코는 세상이 그리스도의 성체적 통치를 받아들이기 위해 반드시 겪어야 할 변화 과정에서 예수의 어머니 '마리아'는 중대한 역할을 할 것이라는 데 동의한다. 출현하는 여인은 미리 '새 시대'를

---

10) Thomas W. Petrisko, *Mother of the Secret*, op. cit., back cover.
11) Ibid., p. xiii.

선포하여 왔으며 그때가 되면 성체 그리스도께서 이 세상에 평화를 가져올 것이다. 페트리스코의 말을 들어보자.

> 동정녀 마리아에 의하면 이 새 시대에 가장 큰 변화를 가져오는 것은 성체적 영양 공급에 대한 믿음이다. 마리아는 이 세상의 대부분의 사람들이 이 신비를 믿게 될 뿐만 아니라 또한 함께 참여하게 될 것이라고 말한다. 참으로 우리 때의 마리아의 성심의 승리는 영광스럽게 이 세상을 새 시대로 이끌 것이다. 그때가 되면 거룩한 성체는 더욱 알려지게 될 것이며 사람들은 성체를 소중히 여기고 감사하게 될 것이다. 그 통치는 교회 및 각 개인을 포함할 뿐만 아니라 전 세계의 나라들을 포함할 것이다. 따라서 성체의 무한한 능력과 은혜는 더 이상 이 세상의 가장 큰 비밀로 남아있지 않을 것이다![12]

6. 새 시대

앞에서 설명된 페트리스코의 시나리오를 보면 그는 성체의 어머니와 함께 성체 그리스도가 이제 곧 온 세계를 가톨릭교회로 이끄는 데 주요 역할을 할 것이라고 믿고 있다. 페트리스코는 미래에 대한 그의 비전을 마틴 루시아 신부가 잡지「무원죄」(*Immaculate*)에 쓴 글을 인용함으로써 다음과 같이 요약한다.

> 모든 마리아 출현의 메시지는 과거든 현재든 상관없이 마리아의 성심의 승리는 예수의 거룩한 마음의 성체적 통치로 귀결될 것을 말한다. 성체적 통치는 복된 성례 안의 예수에 대한 영속적인 숭배를 통해 오게 될 것이다.[13]

성체의 어머니와 성체 그리스도가 곧 나타나서 온 세상을 다스리고 통치

---
12) Ibid., p. xxiv.
13) Ibid., p. 268.

할 것이라는 사상을 지지하는 여러 많은 자료들이 있다. 『공의의 천둥』의 공동 저자인 테드와 모린 플린은 하늘의 여왕으로부터 임한 메시지들의 예언적 면을 연구하였다. 그들은 그들의 책에서 다음과 같이 말한다.

> 세례 요한이 예수의 초림을 예비한 것처럼, 마리아는 주의 재림을 예비한다. 마리아는 새 세계와 새 시대가 우리에게 달려 있다고 선포하신다. 그녀의 성심의 승리와 둘째 오순절(성경의 부으심)은 예수의 거룩한 마음의 통치를 안내할 것이다. 영광된 성모는 1990년 10월 13일 곱비 신부를 통해 예수의 영광스러운 통치와 주의 재림에 대하여 말씀하셨다. "그리스도가 세상에 두 번째로 오심으로써 너희 가운데 설립될 그리스도의 영광스러운 통치는 바로 가까이에 있다. 이것이 영광 가운데 그의 재림이다. 그의 영광스러운 재림과 함께 너희 가운데 그의 통치가 설립될 것이며 모든 인류는 그의 가장 귀한 보혈로 구속되어 주의 새로운 이 땅에서의 천국으로 다시 들어가게 될 것이다. 세상이 창조된 이래로 지금 진행되는 준비처럼 그토록 위대한 준비는 없었다."[14]

7. 범세계적 통치

위의 인용에서 마지막 문장은 과연 단지 가톨릭의 몇몇 안 되는 열성 신자들의 꿈일까? 다음을 고려해 보라. 돈 스테파노 곱비 신부는 사제들의 마리아 운동의 대표이다. 전세계적으로 40만 명의 가톨릭 신부 중 10만명 이상이 이 조직의 회원으로 있다. 사제들의 마리아 운동은 '마리아'로부터 곱비 신부가 받았다고 알려진 수백 개의 메시지를 담은 책을 출판하였다. 다음은 그 중 한 예이다.

> 성체 안에는 예수 그리스도가 참으로 존재하시기 때문에 그분은 당신과 함께 거하신다. 그분의 현존은 점점 더 강력해지고 있으며 태양처럼 온 세상

---

14) Ted and Maureen Flynn, *The Thunder of Justice*, op. cit., p. 12.

위에 빛을 발하면서 새 시대의 시작을 표시할 것이다. 다가오는 그리스도의 영광스러운 통치는 성체의 가장 찬란한 영광과 함께 할 것이다. 그리스도는 그의 영광스런 통치를 그의 성체적 통치의 우주적인 승리와 함께 회복할 것이다. 그때는 성체적 통치는 그 능력을 다 드러낼 것이며 사람들의 마음과 영혼과 개인들과 가족들과 사회 및 이 세상의 구조 자체를 다 변화시킬 수 있는 역량을 가질 것이다.[15]

우리가 4장에서 이미 상세히 기록한 것처럼, 가톨릭의 성체는 성경의 예수님이 아니다. 그러나 이러한 저자들과 선견자들 그리고 교황은 하나님의 말씀보다는 출현들과 체험들과 교회 전통에 더욱 무게를 두고 있다. 누구든지 하나님의 경고를 무시하고 성경으로 검증되지 않은 성경 외적 계시들을 받아들일 때 그는 모든 미혹에 빠질 위험에 처하게 된다.

가톨릭 소설로서 베스트셀러가 된 『칼에 찔리다』의 저자인 버드 맥팔레인 주니어는 그 책에서 종말의 사건들에 대해 놀라울 정도의 상세한 그림을 그려주고 있다. 문제는 그의 그림은 성경에 기초한 것이 아니라 출현과 선견가들 그리고 가톨릭 교리에 기초하고 있다는 점이다. 다음은 그 중의 몇몇을 뽑아온 것이다.

일 년 내 어떤 목요일에 스페인의 가라반달의 산마을의 소나무 위로 하늘 위에 거대한 십자가가 나타났다. 이것은 가라반달의 위대한 기적이었다. 예언한 대로 그 순간에 그곳에 있던 수백만의 사람들의 정신병이나 신체적 병이 치유

---

15) Fr. Don Stefano Gobbi, To the Priests, *Our Lady's Beloved Sons*, op. cit., p. 528, message given on August 21, 1987 to Father Gobbi.

되었다. 그 십자가는 2층 건물의 크기였는데 밝게 비치는 구름에 둘러싸여 있었고 소나무 위로 약 15미터 상공에 있었다. 위성 텔레비전이 그 형상을 전 세계로 방영했다. 사람들은 그 십자가가 있는 곳으로 걸어가서 볼 수 있었는데, 만지려고 손을 뻗쳐도 아무것도 느낄 수 없었다.

그 십자가는 위대한 경고(the Great Warning) 기간에 이 세상의 모든 사람이 보았던 그 십자가와 비슷했다. 그런데 다른 점이 하나있었다. 가라반달의 십자가에는 시체가 없었다. 대신 그 위에 성변화된 제병이 걸려 있었다. 부활하신 그리스도의 몸인 그 제병으로부터 하늘의 붉고 흰 광채가 흘러 나왔다. 밤에는 안개 낀 구름이 십자가와 성변화된 제병을 비쳐주었다.

그 십자가는 지금까지 그곳에 있다. 전 세계에서 개인적으로 이 십자가를 보기 위해 20억이 넘는 순례자들이 방문하였다. … 더욱이 모든 사람들이 그들의 경고 기간에 십자가 아래에서 무염시태의 마리아를 '만났다'.[16]

    이 소설은 신비한 체험들이 건전한 교리보다 더 중요하게 여겨질 때 사람들이 어디까지 가는지를 잘 보여준다. 안타깝게도 하나님의 말씀이 무시될 때 사사로운 계시들과 출현들이 복음의 진리와 단순함보다 더 앞서게 된다. 예수님은 표적과 기사들을 위해 자기를 찾는 시대를 향해 몹시 슬퍼하셨다. 그들의 마음 중심에는 주님을 믿는 것이 아니었기 때문이다. 예수께서 말씀하셨다. "악하고 음란한 세대가 표적을 구한다"(마 12:39; 참조, 마 16:4). 예수님은 우리에게 오직 하나의 표적을 남기셨는데 선지자 요나의 표적이었다. 이를 놓치게 되면 참된 예수님을 놓치게 된다.

---

16) Bud MacFarlane Jr., *Pierced By A Sword* (Fairview Park, OH, Saint Jude Media, 1995), pp. 552-553.

8. 미래는 무엇을 붙들 것인가?

이 장의 앞부분에서 언급한 것처럼, 성경은 예수님은 하나님의 아들이라고 가르친다. 십자가에서 돌아가신 예수님은 죽은 자 가운데서 부활하셨고 그 후 주의 은혜를 통한 믿음으로 주님을 구세주와 주로 받아들이는 모든 자들을 위해 처소를 예비하시기 위해 하늘로 승천하셨다. 현재 주님은 하늘에 거하시지만 다시 오실 것이다. 우리는 사도행전에서 감람산에서 하늘로 육체로 승천하시는 예수님에 대한 기사를 자세히 볼 수 있다.

> 이 말씀을 마치시고 그들이 보는데 올려져 가시니 구름이 그를 가리어 보이지 않게 하더라. 올라가실 때에 제자들이 자세히 하늘을 쳐다보고 있는데 흰 옷 입은 두 사람이 그들 곁에 서서 이르되 갈릴리 사람들아 어찌하여 서서 하늘을 쳐다보느냐 너희 가운데서 하늘로 올려지신 이 예수는 하늘로 가심을 본 그대로 오시리라 하였느니라(행 1:9-11).

사용된 언어가 매우 분명한 점을 주목하라. 지구에서 하늘로 가신 "그 예수"께서 "하늘로 가심을 본 그대로 오시리라"고 예수께서 말씀하셨다. 주님의 재림은 전 세계의 교회에서 나타날 거짓 그리스도의 미래적 출현과 혼동될 여지가 없다.

예수님은 친히 어떻게 주께서 재림하실지 말씀하셨다. 그분의 재림은 모든 사람이 볼 수 있게 오실 것이다. 마태복음을 보자.

> 그때에 인자의 징조가 하늘에서 보이겠고 그때에 땅의 모든 족속들이 통곡하며 그들이 인자가 구름을 타고 능력과 큰 영광으로 오는 것을 보리라(마 24:30).

사도 요한은 요한계시록 1장에서 이 진리를 다시 되풀이 하여 강조한다. 요한은 주께서 구름타고 오실 때 "모든 눈이 주를 보리라"고 말한다.

이 땅에 살아있는 모든 사람들이 이 땅에 재림하시는 영광스러운 예수 그리스도를 목격하게 될 것이다. 재림 때 나타나시는 장엄한 예수 그리스도의 모습은 언젠가 세상을 변화시킬 것이라고 하는 소위 성체 그리스도의 모습과 비교될 수 없다.

9. 미혹에 대한 경고

출현들과 사사로운 계시들과 표적과 기사들을 의지하는 사람들은 성체적 출현들에 의해 미혹될 것이다. 진리의 말씀인 하나님의 말씀을(참조, 시 119:43; 고후 6:7; 엡 1:13; 딤후 2:15; 약 1:18) 알지 못하고 사랑하지 않는 사람들은 성체적 출현들을 주의 재림과 같은 사건이라고 말하거나 또는 실제 재림보다 앞서 발생하는 사건으로 믿는다.

> 그때에 불법한 자가 나타나리니 주 예수께서 그 입의 기운으로 그를 죽이시고 강림하여 나타나심으로 폐하시리라. 악한 자의 나타남은 사탄의 활동을 따라 모든 능력과 표적과 거짓 기적과 불의의 모든 속임으로 멸망하는 자들에게 있으리니 이는 그들이 진리의 사랑을 받지 아니하여 구원함을 받지 못함이라. 이러므로 하나님이 미혹의 역사를 그들에게 보내사 거짓 것을 믿게 하심은 진리를 믿지 않고 불의를 좋아하는 모든 자들로 하여금 심판을 받게 하려 하심이라(살후 2:8-12).

Another Jesus?

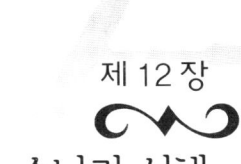

제 12 장
수난과 성체

    2004년 재의 수요일(역자 주 - 사순절 첫날)에 "그리스도의 수난"(The Passion of the Christ)이 북미에서 상영 1위가 되었다. 그리스도의 수난에 대한 영화가 그렇게 많은 인기를 끈 적이 없었다. 처음 2주간 이 영화는 2억불을 벌어들였으며 역사 가운데 가장 잔인한 R등급 영화로 등급이 매겨졌다. 전세계로 나갈 이 영화는 수백만의 관람객들에게 영향을 줄 가능성을 갖고 있다.
    비록 "그리스도의 수난"이 신앙심이 좋은 가톨릭 신자인 멜 깁슨이 연출하고 감독하였지만 가톨릭 신자들만이 불후의 이 작품을 지지한 것은 아니었다. 아마도 이 영화에 대한 가장 큰 지원은 성경을 믿는 복음주의 그리스도인들이었을 것이다. 이들은 영혼을 그리스도께로 이끌려는 노력 가운데 이 영화와 관련된 모든 종류의 복음주의적 행사들을 지원했다.
    그리스도인들 중에는 이 영화의 복음 전파의 가능성에 때문에 크게 흥분하는 사람들도 있었다. 예수 그리스도에 대해 전혀 대화를 나누지 않던 수백만의 영혼들이 이제 공공연히 이 영화와 예수님에 대해 말하면서 예수님이 누구셨는지 그리고 그분이 왜 죽으셨는지를 나누게 되었다.
    그러나 이 장에서 설명을 하겠지만, 복음을 설명하지 않은 채 이 영화를 지지하는 것은 매우 위험할 수 있다. 첫째 이유는 매우 분명하다. 영화 제목

"그리스도의 수난"처럼 이 영화는 그리스도의 수난(고통)에 주로 초점을 맞추고 있다. 그러나 이 영화는 이러한 사건들의 의미를 적절하게 설명하고 있지 않다. 많은 사람들이 고상한 이유 때문에 죽었다. 그러나 그리스도의 죽음은 죄를 위한 속죄라는 점에서 유일하다. 이 땅의 그 어떠한 다른 죽음도 이 특징을 가질 수 없다. 이 영화는 그리스도의 삶과 죽음과 부활의 목적과 그 온전한 의미를 설명하지 못하였다.

1. 가톨릭 선교

별로 놀랄 일은 아니지만 많은 가톨릭 사람들 또한 이 영화를 선교의 기회로 삼고 있다. 어센션 프레스(Ascension Press)와 가톨릭 익스체인지(Catholic Exchange)는 "그리스도의 수난에 관한 100가지 질문들: 수난에 대한 안내"라는 안내 책자 및 관련 영화를 만들어 제공하였다.

이 안내 자료의 공동 저자인 매튜 핀토는 「제니트」 뉴스 기관을 통해 어떻게 그 책이 "가톨릭 신자들과 비신자들이 그 영화에 나타난 성체 및 마리아의 의미를 이해하도록 돕는지"를 나누었다. 그 안내 자료는 사람들로 하여금 "그리스도와 관련한 사건들을 알게 하고, 그분이 제정하신 교회에 대하여 배우게 하며 따라서 그들이 믿음의 삶을 통해 반응하도록 합니다"[1]라고 말했다.

그 인터뷰에서 「제니트」는 핀토에게 다음 질문을 했다. "이 영화를 이해하는 데 있어서 왜 특별하게 가톨릭 안내 책자가 필요합니까?" 이 질문에 대한 핀토의 답변은 다음과 같다.

> 이 영화가 가톨릭적인 것처럼 그 안에 담긴 복음은 철저하게 가톨릭 복음이기 때문에 가톨릭 안내서가 필요합니다. 아직도 많은 사람들이 여전히 감독과

---

1) Interview with Matthew Pinto by *Zenit*, "A Guide to 'The Passion of the Christ'" (*Zenit*, February 23, 2004, http://www.zenit.org/article-9470?l=english, accessed 09/2007).

작가들이 그 영화를 통해 전달하려는 가장 중요한 가르침이 무엇인지 이해하지 못할 것입니다.

예를 들어, 세속적인 관람객은 아마도 뱀의 머리가 부서지는 장면이 창세기 3:15을 언급하는 것임을 이해하지 못할 것입니다. 마찬가지로 이 영화가 대단히 강조하고 있는 성체와 마리아 강조는 교리를 잘 배운 가톨릭 신자는 쉽게 볼 수 있지만 교리를 잘 배우지 못한 가톨릭 신자들이나 많은 개신교 신자들은 그 내용을 깊게 깨달을 수 없을 것입니다.

이 책의 서론에서 언급한 것처럼, 마라아와 성체 형상의 심오한 신학을 이해하려면 가톨릭에 대한 깊은 이해가 있어야 합니다.

이 영화를 활성화시키는 데 있어서 보여준 우리 개신교 형제자매들의 열정과 창의성은 매우 고무적이지만 그들은 일반적으로 이러한 이슈들에 대해 교육을 받지 못했습니다.[2]

더욱이 매튜 핀토는 이 "증거 수단"은 가톨릭 신자들에게 "그 영화의 매 장면에 담긴 신학 및 예술적 측면에 대한 설명을 달아 놓았다"고 설명한다. 따라서 이 안내 자료로 가톨릭 신자들이 비가톨릭 신자들을 교육하고 선교할 수 있다고 말한다. 다시 "성체 성분들에 대한 개신교의 의심에 대해 이 안내는 어떤 역할을 할 것을 기대합니까?"라는 질문을 받았을 때 핀토는 다음과 같이 대답하였다.

> 우리는 단지 갈보리의 희생과 미사의 희생 사이의 연결을 설명합니다. 그 감독은 그 영화에서 대조 장면을 삽입하는 기술을 사용하면서 마지막 만찬과 십자가 처형 사이의 유사점을 끌어냅니다. 우리는 이 책에서 그 연결을

---

[2] Ibid.

검토합니다.[3]

그 인터뷰는 "당신은 가톨릭 교구들과 신자들로부터 어떤 반응을 얻었습니까?"라는 질문으로 마친다. 핀토는 그 질문에 다음과 같이 마무리하였다.

> 우리는 그 반응이 대단할 것이라고 확신은 했지만, 그 반응은 우리가 생각했던 것보다 훨씬 더 컸습니다. 사람들은 그 안내 자료를 좋아했습니다. 어떤 사람은 내게 그 책이 가톨릭 역사 가운데 가장 빠르게 팔리는 책일 것이라고 말해 주기도 했습니다. 책이 나오기도 전에 약 2주 내에 거의 14만 부가 미리 팔렸습니다. 인터넷의 도움과 함께 주요 가톨릭 문화 행사와 관련해서 때를 잘 맞춘 것이지요. … 나는 이 영화가 우리 세대 가운데 가장 위대한 선교 기회의 분수령 중에 하나를 제시하고 있다고 믿습니다.[4]

2. "그리스도의 수난"(The Passion of the Christ)의 목표와 영향

어떤 사람은 이런 질문을 했다. 이 영화를 만든 멜 깁슨의 의도가 정말로 가톨릭의 성체와 마리아에 초점을 둔 것이 사실인가? 깁슨은 EWTN과의 인터뷰 중에 가톨릭의 라틴어 미사의 "매우 선동적이고 감동적이며 효과적인 면"에 대해 설명하면서 자신이 그 영화를 만든 목표와 의도를 말하였다.

> 이 영화의 목표는 "십자가의 희생과 그 희생과 같은 제단의 희생"을 노골적으로 병행시킴으로써 현대 관람객들을 깨우기 위한 것이었습니다.[5]

---

3) Ibid.
4) Ibid.
5) Terry Mattingly, "The Passion of Old Words and Symbols" (*On Religion Column*, http://tmatt.gospelcom.net/column/2004/01/21, accessed 09/2007).

이 인터뷰는 세계에서 가장 큰 가톨릭 텔레비전 상영 기관인 EWTN을 통해 전세계로 나갔다. 물론 모든 가톨릭 신자들은 로마교회의 요구에 의해 그리스도는 매번의 미사에서 가톨릭 제단 위에서 반복적으로 희생되고 있다고 믿어야 한다. 그러나 이 영화로 인한 운동은 다른 사람들에게도 영향을 미쳐 이러한 비성경적인 믿음을 갖게 하는 것은 아닐까?

이 영화의 파급효과가 어떠할지는 한동안 알려지지 않겠지만, 이 영화는 이미 배역들과 근무원들 전원에게 상당한 영향을 미쳤다. 예수 역을 맡은 짐 카비젤은 이 영화에 관련된 사람들이 어떻게 변화했는지 설명한다. 다음의 내용들은 칼 림바처가 2004년 1월 25일에 쓰인 "멜 깁슨의 '그리스도'가 십자가형을 드러내다"라는 제목의 글로부터 인용한 것이다. 그 내용을 보면 그 영화의 배우들 중에 많은 사람들이 가톨릭으로 회심하였다고 한다.

> 멜 깁슨의 매우 기대되는 영화 "그리스도의 수난"(The Passion of the Christ)에서 주연을 맡게 될 제임스 카비젤의 인터뷰가 처음으로 전국적으로 방영되었다. 제임스 카비젤은 지난 금요일에 십자가형의 장면을 찍을 때의 어려움을 자세히 나열하였다. 주목할 것은 그 장면을 찍으면서 배역을 맡은 다수의 배우들이 가톨릭으로 개종하였다.[6]

더욱이 카비젤은 그리스도의 이야기를 영화로 만들면서 "정말로 많은 사람들의 삶이 변했다"고 언급하였다.[7] 카비젤은 인터뷰에서 깁슨에게 "나는 우리가 매일 미사를 드리는 것이 매우 중요하다고 생각합니다. 적어도 나는 예수의 역할을 하기 위해 미사가 필요하지요"[8]라고 말했다. 카비젤은 또한 "내가 예수의 역할을 하려면 내 안에 성사가 필요한 것을 느꼈습니다. 그래서 깁슨이 그것을 알려주었지요"[9]라고 말하였다.

---

6) "Mel Gibson's 'Christ' Reveals Crucifixion" (NewsMax.com, http://newsmax.com/archives/ic/2004/1/25/145119.html, January 25, 2004, accessed 09/2007).
7) Ibid.
8) Ibid.
9) Ibid.

물론 카비젤이 언급하는 "성사"는 성체 성사이다. 성체 성사는 가톨릭 믿음의 심장이며 핵심이다. 우리가 이 책에서 살펴본 것처럼, 성체 그리스도는 성경적 그리스도가 아니다. "내 안에 성사"를 받는 것은 아무런 영적 가치가 없다.

3. 마리아 연결

캐더린 키프에 의해 쓰인 글 "배우의 영혼의 여정"을 보면 짐 카비젤이 어떻게 마리아가 그가 이 중요한 역할을 하도록 준비시켰는지에 대해 나누고 있다. 카비젤의 영적 여정에 대해 글을 쓴 키프는 다음과 같이 말하였다.

> 짐의 믿음은 알맞게 성장해 출발할 준비가 되어 있었다. 그의 영적 각성 중 몇몇은 복된 성모 및 묵주와 관련해서 일어났다. 특히 1981년 이래로 그는 많은 사람들에 의해 동정녀 마리아가 나타난 곳으로 믿어지는 메쥬고레, 보스니아를 방문하게 되었는데 그때 그에게 영적 각성이 있었다. 그는 2000년 11월에 이곳들을 방문하였다.[10]

그 글은 짐 카비젤이 메쥬고레의 환상가인 이반 드라기체비치와 기도할 때 발생한 일을 서술하고 있다. 이반 드라기체비치는 메쥬고레에서 마리아를 직접 만난 사실을 세상을 다니며 연설하는 선견자이다. 처음에 카비젤은 이반과 그의 환상을 의심하였다. 그러나 드라기체비치와 함께 기도하면서 카비젤의 마음이 변하였다. 그 글은 이 사건을 묘사한다.

> "나는 이반에게, '여보시오. 나는 여기 있는데, 그녀는 그 방에 있습니까?'라고 말했다. 드라기체비치는 마리아가 그곳에 있다고 확신 있게 대답하였다.

---

10) Catherine L. Keefe, "Journey of an Actor's Soul" (*The Catholic Digest*, February 7, 2002).

그래서 카비젤은 "마리아 당신이 여기 있다고 제가 믿을 수 있는지 잘 모르겠습니다. 그러나 당신이 계시다면, 나를 초단파로 뜨겁게 하소서. 제 영혼에 하시고 싶으신 대로 뭐든 하십시오"라고 기도했다. 그러자 그는 갑작스런 흘러넘치는 평강을 느꼈다. 그는 "그 순간은 제 생애 가운데 가장 아름다운 날이었습니다"라고 말한다.[11]

지금 카비젤은 그의 목에 세 개의 메달을 차고 있다. 그 중에 하나는 금으로 된 메쥬고레의 성모 메달이고, 다른 하나는 "나는 가톨릭 사람입니다. 나를 사제라고 부르십시오"라고 적힌 십자가 모양의 성의(聖衣) 메달이며, 셋째 메달은 교황이 새겨져 있다.[12] 깁슨의 영화에서 예수 그리스도의 역할을 맡은 이 배우는 분명히 성체의 깊은 의미를 발견하였다. 크리프트는 이렇게 설명한다.

> 카비젤은 어떻게 마리아가 그를 그녀의 아들 예수에게 더 가깝게 인도했는지를 설명하면서 기운이 흘러넘치고 있다. 성체에서의 예수의 현존은 그에게 매우 의미가 깊다. 그가 설명하기로는 성체는 그에게 죄로부터 돌아설 수 있는 영감을 주었다고 한다. 그 후 그의 기도 생활은 더욱 진실해졌다.[13]

마지막으로, 메쥬고레의 공식 웹 사이트에 실린 또 다른 인터뷰에서 카비젤은 어떻게 메쥬고레의 '마리아'가 그를 예수의 역할을 하도록 준비시켰는지 반복한다.

> 내가 이 역할을 할 수 있도록 도운 감정의 정화는 메쥬고레와 고스파를 통해서이다. 준비를 하면서 나는 메쥬고레가 내게 가르친 모든 것을 사용했다. 멜 깁슨과 나는 매일 미사에 참여했다. 미사에 갈 수 없는 날에도 성체를

---

11) Ibid.
12) Ibid.
13) Ibid.

받았다.[14]

카비젤은 또한 마리아의 출현이 그 영화에 생명력을 불어 넣었다고 믿는다.

> 내가 믿기로는 이 영화는 마리아가 그녀의 아들을 위해 만든 것이다. 이 영화는 그녀에 의해 만들어진 것이기 때문에 원수에 의해 공격을 받게 될 것이다.[15]

4. 가톨릭의 마리아

성경을 연구해 보면 성경적 근거가 없는 마리아 출현은 마귀적 기원을 갖고 있으며 성체 예수는 거짓 그리스도라는 사실을 알 수 있다. 성경을 믿는 그리스도인으로서 우리는 혼동하고 있는 사람들을 향해 예수는 누구시며 은혜의 복음이 무엇인지 분명하게 설명할 수 있어야 한다.

그러나 많은 그리스도인들이 "그리스도의 수난"의 연출자가 거짓 그리스도와 비성경적인 마리아를 믿고 있다는 사실을 잘 모른다. 사실, 멜 깁슨은 마리아가 "놀라운 동(同)-구속주이며 중보자"라는 가톨릭 가르침을 지지한다.

「크리스채너티 투데이」와의 인터뷰에서 멜은 그리스도와 마리아를 묘사한 그의 영화를 복음주의 그리스도인들이 가장 많이 받아들였다는 사실에 놀라움을 표한다. 인터뷰에서의 그의 말을 들어보자.

> 깁슨: "나는 사실 복음주의 관람객들이 다른 그 어떤 기독교 단체보다 팔을 걷어붙이고 나서는 것을 보고 놀랐습니다."

---

14) Interview with Jim and Kerri Caviezel by Fr. Mario Knezovic (http://www.medjugorje.hr/Int%20Caviezel%20ENG.htm, accessed 09/2007).
15) Ibid.

그는 "이 영화의 가장 놀라운 점은 상당히 마리아 성향을 띠고 있는 것입니다"라고 말한다.[16]

깁슨은 개신교도들이 가톨릭이 마리아를 대하는 것처럼 대하지 않는다는 사실을 잘 안다. 그럼에도 깁슨은 많은 개신교인들을 무시하고 마리아를 "놀라운 동-구속주이시며 중보자시다"라고 부른다.[17]

"그리스도의 수난"을 보다 보면 우리는 마리아의 눈으로 예수의 고통의 많은 부분을 보게 된다. 예수와 마리아의 강력한 영적 끈이 그 영화를 통해 두드러진다. 그녀의 "동-구속주"로서의 참여가 영화 속에서 제시되고 있다. 그러나 많은 기독교인들이 이 의미를 알아채지 못한다.

「크리스채너티 투데이」에 실린 다음 두 인용은 영화 속에서의 마리아의 반응은 심오한 것임을 보여준다.

> 깁슨은 말하길, "그 영화에서 마리아는 복음주의자들이 일반적으로 보지 못하는 면에 대해 눈을 열어주는 역할을 하고 있습니다"라고 한다.[18]

> 이것이 내가 관찰한 것이다. 나는 두 번이나 "그리스도의 수난" 방영을 가 보았는데 개신교 여성들이 마리아를 그녀의 아이가 고통당하는 것을 지켜보는 어머니로 여기며 대화하고 있었다. 깁슨의 마리아를 다루는 영적 관점이 어디서 나온 것인지 알 수 없지만, 아무튼 그 영화는 관객들의 모성애를 자극하고 있다.[19]

물론 마리아는 그녀의 아들이 수난을 겪는 동안 함께 고통을 당했다.[20] 그

---

16) David Neff, "Mel, Mary and Mothers" (*Christianity Today*, February 20, 2004, http://www.christianitytoday.com/movies/commentaries/passion-melmarymothers.html, cited March 6, 2004).
17) Ibid.
18) Ibid.
19) Ibid.
20) Simeon's prophecy in Luke 2:35 anticipates this.

러나 성경의 기록은 마리아에게 초점을 두지 않는다. 성경의 초점은 창세기부터 요한계시록까지 인류를 향한 아버지의 위대한 사랑이다. 영원한 하나님이시며 창조주이신 그분은 세상을 향한 그의 위대한 사랑을 그의 유일한 독생자 아들을 우리의 죄를 위하여 죽으시도록 보내심으로써 보여주셨다. 영화에서 예수는 여러 번 아버지를 부르고는 있지만, 성경이 말하는 내용을 넘어서는 훨씬 더 두드러진 역할이 마리아에게 주어져 있었다. 멜은 어디서 이러한 비성경적인 장면들을 포함하도록 영감을 받은 것일까?

5. 우리 주 예수 그리스도의 비통한 수난

멜 깁슨의 "그리스도의 수난"(The Passion of the Christ)은 부분적으로 19세기의 어느 가톨릭 신비주의자가 받은 환상들과 메시지들에 근거한 것이다. 수녀 앤 캐서린 에미릭이 받은 계시와 환상들이 『우리 주 예수 그리스도의 비통한 수난』이라는 제목의 책에 실려 있다. 이 책은 다음과 같은 내용을 말한다.

> 그녀는 모든 종류의 환상 가운데 그녀에게 부여되는 신적인 지식에 익숙해져 있다. 그녀는 종종 하나님의 어머니와 하늘의 여왕이 그녀를 방문하는 총애를 누린다.[21]

그 책의 뒷면에는 이러한 설명이 있다.

> 『비통한 수난』은 우리 구세주께서 구속의 초인간적인 영웅적 행위 가운데

---

21) Anne Catherine Emmerich, *The Dolorous Passion of Our Lord Jesus Christ* (Taken from the online ebook at http://www.catholicplanet.com/ebooks/Dolorous-Passin.pdf; ebook was prepared from the 20th edition of the book, which was published in 1904 by Benziger Brothers in New York. The copyright for that edition is expired and the text is in the public domain), p. 3.

지나는 끔찍한 고통들을 믿을 수 없을 만큼 상세히 설명한다. 또한 마리아가 그녀의 아들의 고통에 참여하는 내용이 조명되어 있다. 그래서 이 책은 독자들에게 왜 성모가 종종 우리의 "동-구속주"이며 "순교자의 여왕"인지 뼈저린 이해를 하도록 돕는다.[22]

헌정(dedication)의 페이지에는 에미릭의 헌신과 열정이 나타난다.

> 동정녀 마리아의 성심께, 하나님의 어머니께, 하늘과 땅의 여왕께, 지극히 거룩한 묵주의 성모께, 그리스도인의 돕는 자에게 그리고 인류의 도피처에게 드립니다.[23]

"그리스도의 고난"에 대한 놀라운 관심 때문에 이 책은 순식간에 베스트셀러가 되었다. 가톨릭 서점에서는 이 책을 "멜 깁슨에게 "그리스도의 수난"을 영화화하도록 영감을 준 책"[24]이라고 제대로 표시해 놓았다. 에미릭의 책에서 직접 인용한 다음 내용들은 멜 깁슨이 이 가톨릭 환상가로부터 대부분의 비성경적인 마리아 장면과 성체 장면을 받았음을 확인해 준다.

> 복스러운 동정녀는 언제나 내적인 영적 교통에 의해 그녀의 신적인 아들과 연합되었다. 그러므로 그녀는 그에게 발생하고 있는 모든 것을 다 알고 있었으며 그녀는 그와 함께 고통을 당했다. 그녀는 그를 죽이는 자들을 위한 아들의 끊임없는 기도에 동참했다.[25]

> 나는 그 후 곧바로 예수가 채찍을 맞는 그곳으로 마리아와 막달라가 가까이

---

22) Anne Catherine Emmerich, *The Dolorous Passion of Our Lord Jesus Christ* (Rockford, IL: Tan Books and Publishers, Inc., 1983), back cover.
23) Ibid., dedication page.
24) Taken from http://www.passion-movie.com/promote/book.html, accessed on 09/2007.
25) Anne Catherine Emmerich, *The Dolorous Passion of Our Lord Jesus Christ*, online ebook, op. cit., p. 93.

가는 것을 보았다. … 그들은 기둥 곁의 바닥에 무릎을 꿇고 클라우디아 프로클스(본디오 빌라도의 아내)가 보낸 무명천으로 거룩한 피를 닦았다.[26]

십자가 아래에서 복되신 마리아는 모성적 사랑의 강렬한 느낌으로 가득 차서 그녀의 아들에게 자신도 그와 함께 죽을 수 있기를 허락해 달라고 탄원했다.[27]

아무튼 그 영화는 이 책에서 빌려온 비성경적인 요소들로 가득 차 있다. 예를 들어, 그 영화에는 베드로가 예수님을 부인한 후에 마리아의 발 앞에 꿇어 이렇게 말한다. "어머니, 제가 주님을 부인했습니다"(이 내용은 그 책에서 나온 것이다). 예수의 피 묻은 얼굴을 닦아 주는 베로니카도 성경에는 나오지 않지만 그 책에서 그대로 가져온 인물이다. 마리아가 예수님의 시체를 받아 무릎에 앉고 있는 장면은 피에타(Pieta) 스타일로서 이 또한 그 책에서 직접 온 것이다.

6. 영화와 책 속에서의 성체

『비통한 수난』의 또 다른 주요 주제는 성체 예수에 대한 반복적인 언급이다. 영화와 마찬가지로 그 책에서는 예수가 겟세마네 동산과 마지막 만찬에서의 컵을 성배로 언급하고 있다. 가톨릭 신도들은 이와 같은 성체 언급을 곧 바로 이해할 것이다. 추가로, 마지막 만찬 재연도 그 책의 내용을 따르고 있다. 그 내용을 보자.

예수님은 베드로와 요한 사이에 앉으셨다. 문은 닫혀 있었고 모든 것이 가장 신비하고 인상적인 방법으로 이루어졌다. 예수님은 성배를 덮은 보를 벗기고 기도하셨다. 그 후 가장 엄숙하게 사도들에게 말씀하셨다. 나는 그가 그들에게

---
26) Ibid., p. 120.
27) Ibid., p. 150.

만찬과 그 모든 예식을 설명하시는 것을 보았다. 나는 어느 새 사제가 미사에서 다른 사람들에게 말하는 것을 기억하였다.[28]

그 책은 "미사의 희생", "실제 현존", "복된 성체"에 대한 언급으로 가득하다. 영화 중에는 빵을 덮은 보가 개어지는 때에 카메라가 예수의 옷 벗겨지는 장면을 신속하게 지나가게 한다. 또한 예수의 피가 십자가에서 떨어지자 카메라는 마지막 만찬에서 포도주가 성배로 부어지는 장면을 흘끗 지나게 한다. 이러한 촬영 기법에는 의도가 있었던 것이다.

그 영화에서 예수의 재판 때에 고소의 소리가 예수에게 던져지는 때가 있다. 그때 분노한 유대인에 의해 인용되는 말은 요한복음 6장의 "이 사람의 말에 영생을 얻으려면 우리는 그의 살을 먹고 그의 피를 마셔야 한다"는 말이었다. 이 장면도 그 책에서 온 것이다.[29] 물론, 이 고소는 성경에 기록되어 있지 않다. 그러나 그 영화의 의도는 분명하다. 고집스런 고소자들은 화체(化體)를 부인한다는 점이며 반면에 예수께 충성된 자들은 화체가 바로 영생의 열쇠라는 사실을 안다는 점을 보여주고 있다.

다음은 그 책에서 인용된 것으로서 깁슨의 믿음이 가톨릭 믿음과 일치하는 것을 보여주는 내용이다.

> 내게 알려주신 내용은 이러한 악한 등장인물들은 거룩한 성사에 참으로 실제로 현존하시는 예수님을 여러 가지 방법으로 모욕하고 분노하게 하는 자들이다. 나는 그들 중에 복된 성체를 신성모독 하는 모든 자들이 끼어 있는 것을 알 수 있었다.[30]

---

28) Ibid., p. 48.
29) Ibid., p. 105.
30) Ibid., p. 63.

7. 지속적인 효과들

이해는 가지만, 많은 그리스도인들이 이 영화의 가톨릭 요소들을 잘 모르고 있다. 그들은 성경 외적인 장면들을 단지 예술적인 면이거나 해롭지 않은 가톨릭 요소로 여기고 있다. 그러나 전혀 그렇지 않다.

멜 깁슨은 이 영화가 "나의 믿음을 반영한다"[31]고 말하였다. 그는 가톨릭 감독이며 가톨릭 신학을 권하는 자이고 가톨릭 영화를 연출하면서 사람들을 가톨릭교회로 인도하려는 의도를 가진 사람이다. 가톨릭 웹 사이트인 가톨릭 패션 아웃리치는 이 사실을 확인해 준다.

> "그리스도의 수난"은 당신에게 당신의 가족과 친구들에게 가톨릭 믿음을 퍼뜨리고 강화하고 나눌 수 있는 전례 없는 문화적 기회를 제공한다.[32]

앞에서 언급된 마이클 브라운은 그의 웹 사이트상에 '그리스도의 수난'에 대해 광범위한 내용을 싣고 있다. 그는 "'그리스도의 수난'은 심오하고 지속적인 영향을 야기할 수 있는 가능성을 지닌 영화라고 본다"라는 제목의 글에서 그 영화가 그리스도인들을 통합시키는 역할을 하고 있다고 설명한다.

> 물론 단순한 영화이지만, 그러나 이 영화는 그리스도인들이 통합하는 것을 돕는다. 나는 대중적인 차원에서의 통합의 대화 기회를 이보다 더 잘 제공하는 것을 보지 못했다. 우리는 모두 한 가지 공통점이 있다. 비록 깁슨은 가톨릭 신자(물론 전통주의자)지만, 지금까지 그를 위한 가장 열광적인 지지는 불교 신자들, 오순절 사람들 그리고 복음주의자들로부터 왔다.[33]

---

31) EWTN to Air 2nd Exclusive Interview with Mel Gibson on "The Passion of the Christ" (EWTN News, January 13, 2004, http://www.ewtn.com/vnews/getstory.asp?number=42801, accessed 09/2007).

32) Taken from: http://web.archive.org/web/20040323194239/http://passion.catholicexchange.com, accessed 09/2007.

33) Michael H. Brown, "Passion Is Seen As A Movie With Potential To Cause Profound and Lasting Effects" (http://web.archive.org/web/20040406032404/www.spiritdaily.org/

브라운은 그 영화가 그리스도인들을 통합하며 통합을 위한 대화를 열 수 있는 가능성을 가지고 있을 뿐만 아니라 그 영화로 인해 나타날 또 다른 가능성에 대해 말한다.

> 또 다른 영향은 마리아를 포함한다. 이 영화는 복된 마리아를 개신교들에게 재소개하는 방식으로 그녀를 제시하고 있다. 그들은 마리아를 그들이 상관할 수 있는 누군가로 볼 수 있게 되었다. 그녀는 땅으로 내려왔다. 그들은 그녀와 함께 웃을 것이다. 그들은 그녀와 함께 울 것이다. 그들은 더더욱 그녀가 체험한 과정을 이해하게 될 것이다(물론 다른 모든 사람들도 그러하다). 그들이 그녀를 사랑할 수 있게 되기를 바란다.
>
> 만찬의 장면 동안에 그들은 또한 성체를 더욱 이해하게 될 것이다.[34]

2007년에 "그리스도의 수난"에 대한 결정판이 나왔다. 그 판은 많은 사실을 분명히 하였다. 이 결정판이 담고 있는 많은 특성 중에 하나는 세 사람의 가톨릭 신학자들과 연출자 멜 깁슨이 그 영화의 각 장면에 "신학적 주석"을 달아놓은 점이다. 깁슨은 다른 사람들과 함께 그 영화에 "마리아 주제"와 "성체 주제"가 의도적으로 "얽혀 있다"고 분명하게 말하였다.[35] 그들의 주석은 의심의 여지를 남기지 않았다. "그리스도의 수난"은 세계를 성체 그리스도에게로 이끌려는 선교적 수단이었던 것이다!

Quickhive+articles/gibsonviewing.htm, February 2004, accessed 09/2007).
34) Ibid.
35) *The Passion of the Christ*, Definitive Edition (20th Century Fox, 2007). 이 대화에 참석할 수 있도록 초청된 사람 중에는 로욜라 대학의 고전문학 교수이며 라틴과 아람어로 번역자인 윌리암 펄코 신부, 신학자이며 사제인 신비 존 바르두네크, 과거에 개신교 목사였지만 지금은 가톨릭 변증가가 된 게리 매타틱스가 있었다.

Another Jesus?

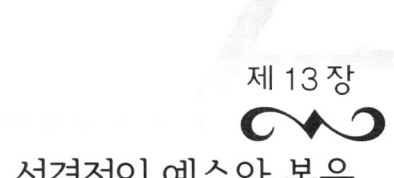

제 13 장
성경적인 예수와 복음

안식 후 첫날 새벽에 이 여자들이 그 준비한 향품을 가지고 무덤에 가서 돌이 무덤에서 굴려 옮겨진 것을 보고 들어가니 주 예수의 시체가 보이지 아니하더라. 이로 인하여 근심할 때에 문득 찬란한 옷을 입은 두 사람이 곁에 섰는지라. 여자들이 두려워 얼굴을 땅에 대니 두 사람이 이르되 어찌하여 살아 있는 자를 죽은 자 가운데서 찾느냐 여기 계시지 않고 살아나셨느니라 갈릴리에 계실 때에 너희에게 어떻게 말씀하셨는지를 기억하라(눅 24:1-6).

1. 무덤이 비었고 그는 이곳에 없다!

성경적인 예수님은 더 이상 무덤에 계시지 않는다. 그분은 이 땅의 그릇이나 방에 갇혀 있지 않다. 예수님은 제자들에게 마치 예수가 물리적으로 이 땅에 현존하는 것처럼 "그가 여기 있다, 저기 있다"고 말하는 자들에 대해 경고하셨다. 복음에 의하면 주님은 신체적으로 주의 재림 때까지 아버지의 오른편에 앉아 계신다. 주님은 주의 성령을 통해 모든 참된 신자의 마음 안에 거하신다. 이미 이렇게 거하시는 방식 외에 또 다른 식으로 더 이상 거하실 수는 없다.

이와는 대조적으로 가톨릭 복음은 전세계의 모든 미사에 예수님이 신체적으로 현존하신다고 한다.

우리 각자는 이 질문을 해야 한다. 성체 예수는 나의 마음 안에서 통치하실 것인가? 우리는 로마교회 때문에 또는 어떤 출현들이 '다른' 예수를 지지한다고 해서 '다른 예수'를 신뢰할 것인가? 우리는 기적과 치유와 하나님의 임재로 여겨지는 현상들 때문에 다른 예수를 신뢰할 것인가? 아니면 우리는 성경의 예수를 따를 것인가?

유일한 하나님의 말씀인 성경만이 오류가 없다(벧후 1:20-21). 하나님의 말씀 성경은 진리이다(요 17:17). 우리는 이를 완성된 예언들에 의해 안다. 그리스도에 관련한 수십 개 이상의 예언이 문자 그대로 완성되었다. 추가로 이스라엘과 이방 나라들에 대한 수백 개의 예언들도 다 이루어졌다. 우연하게 이렇게 될 수 있는 가능성은 생각할 수조차 없다.

적어도 서로 다른 나라에서의 40명 이상의 사람들이 서로 다른 때에 두 개의 서로 다른 언어로 1,600년 이상에 걸쳐 거룩한 말씀을 썼다. 그들이 서로 공동으로 일할 방법이 없었음에도 불구하고 성경은 통일된 주제를 가지고 있다. 성경은 하나의 일관된 이야기를 말한다. 그 어떤 책도 그 정도의 정교한 구성을 자랑할 수 없다.

성경은 성경을 방화하거나 축출하려는 세력을 수세기 동안 견디냈다. 예수께서 예언하신 것처럼 성경은 살아남았다(마 24:35). 사실, 성경은 계속 무성하여졌다. 오늘날 성경은 2,300개의 언어와 방언으로 번역되어 있으며[1] 어디서나 성경을 구할 수 있다. 이 놀라운 책은 유일하신 완전한 분(Person)의 삶을 기록한다. 다른 책이나 사람을 성경 및 예수님과 비교할 수 없다.

성경을 우리의 최종 권위로 받아들이는 데는 위험이 없다.

---

1) 성경이 부분적으로 또는 전부가 2300 언어와 방언으로 번역되었다. 이는 모든 인류의 90%에 달하는 것이다. http://www.biblesociety.org.

2. 믿음은 느낌이 아니다.

성경은 단순히 "이는 우리가 믿음으로 행하고 보는 것으로 행하지 아니함이로라"(고후 5:7)라고 말한다. 성경은 더더욱 "그러므로 믿음은 들음에서 나며 들음은 그리스도의 말씀으로 말미암았느니라"(롬 10:17)라고 설명한다. 그리스도인은 하나님의 말씀 그 자체이신 예수 그리스도만을 따라야 한다(요 1:1; 14). 우리는 주님 안에 거해야 한다.

> 너희가 내 말에 거하면 참으로 내 제자가 되고(요 8:31).
> 청년이 무엇으로 그의 행실을 깨끗하게 하리이까 주의 말씀만 지킬 따름이니이다(시 119:9).
> 또 어려서부터 성경을 알았나니 성경은 능히 너로 하여금 그리스도 예수 안에 있는 믿음으로 말미암아 구원에 이르는 지혜가 있게 하느니라(딤후 3:15).

그러나 성경은 우리가 보는 것(출현이나 비전이나 감정이나 느낌 등)으로 행하지 말라고 주의를 준다. 우리는 모두 겉모양은 잘못 인도할 수 있다는 것을 안다. 우리의 감각은 속을 수 있다. 예수님은 우리에게 경고하시길, "외모로 판단하지 말고 공의롭게 판단하라"(요 7:24)고 하셨다. 성경은 마지막 날들이 되면 매혹적인 속임수들이 많아질 것이라고 경고한다.

> 악한 사람들과 속이는 자들은 더욱 악하여져서 속이기도 하고 속기도 하나니(딤후 3:13).
> 그러나 성령이 밝히 말씀하시기를 후일에 어떤 사람들이 믿음에서 떠나 미혹하는 영과 귀신의 가르침을 따르리라 하셨으니(딤전 4:1).

3. 느낌들, 체험들 그리고 미혹

성체 및 출현들과 관련하여 나타나는 보편적인 공통분모는 긴장된 만남들과 만족스런 느낌들이다. 많은 사람들이 평온을 체험한다. 다른 사람들은 영적 존재를 만나거나 영적인 따스함을 접한다. 또 어떤 사람들은 환상을 보고, 또 다른 어떤 사람들은 출현한 존재와 대화를 나눈다. 그러나 성경은 설명하길, 사탄과 그의 마귀들이 거짓 표적과 느낌과 체험을 만들어 낼 수 있다고 한다. 이러한 체험들은 수여자들이 덫에 빠져들어 가고 있으면서도 자신들은 하나님과 평강을 누리고 있다는 거짓된 느낌을 갖게 한다.

성경은 신자들이 어떤 때는 특이하게 또는 다른 때는 강렬하게 하나님을 체험할 수 있음을 인정하지만 모든 체험들은 하나님의 말씀에 의해 검증되어야 한다고 주장한다. "범사에 헤아려 좋은 것을 취하고"(살전 5:21). 만일 우리가 하나님의 법, 주님의 증거, 그분의 말씀으로 영적인 현상들을 여과하지 않는다면 우리는 잘못된 길로 미혹될 것이다.

> 마땅히 율법과 증거의 말씀을 따를지니 그들이 말하는 바가 이 말씀에 맞지 아니하면 그들이 정녕 아침 빛을 보지 못하고(사 8:20).

4. 당신의 마음을 따르겠는가 아니면 하나님의 법을 따르겠는가?

세상은 당신에게 당신의 느낌과 마음을 따르라고 한다. 한편 성경은 "자기의 마음을 믿는 자는 미련한 자요 지혜롭게 행하는 자는 구원을 얻을 자니라"(잠 28:26)라고 강조한다.

우리의 감각들과 느낌은 우리를 생명이 아닌 멸망의 길로 인도할 수 있다. 우리는 하나님과 그분의 신실한 증거로 보호를 받는 새로운 마음이 필요하다. 성경은 다음과 같이 말한다.

어떤 길은 사람이 보기에 바르나 필경은 사망의 길이니라(잠 14:12).
만물보다 거짓되고 심히 부패한 것은 마음이라 누가 능히 이를 알리요마는(렘 17:9).
너희는 너희가 범한 모든 죄악을 버리고 마음과 영을 새롭게 할지어다 이스라엘 족속아 너희가 어찌하여 죽고자 하느냐(겔 18:31).

하나님은 우리에게 우리는 새로운 마음이 필요하다고 말씀하신다. 당신은 "지금 내 마음이 무엇이 잘못입니까?"라고 물을지도 모르겠다. 그러나 하나님의 말씀은 우리의 마음에 신령한 빛을 비추어 우리의 옛 마음의 어둠과 부패를 드러낸다.

하나님의 말씀은 살아 있고 활력이 있어 좌우에 날 선 어떤 검보다도 예리하여 혼과 영과 및 관절과 골수를 찔러 쪼개기까지 하며 또 마음의 생각과 뜻을 판단하나니(히 4:12).
대저 명령은 등불이요 법은 빛이요 훈계의 책망은 곧 생명의 길이라(잠 6:23).

5. 나쁜 소식

하나님은 우리에게 우리는 새로운 마음이 필요하다고 말씀하신다. 그러나 어떻게 우리는 새 마음을 받을 수 있는가? 하나님의 은혜로운 도움을 설명하기 전에 먼저 우리는 인류의 딜레마를 이해해야 한다. 성경은 "모든 사람이 죄를 범하였으매 하나님의 영광에 이르지 못하더니"(롬 3:23)라고 말한다. 성경은 분명하다. "다 치우쳐 함께 더러운 자가 되고 선을 행하는 자가 없으니 하나도 없도다"(시 14:3). 바로 이러한 이유 때문에 우리는 우리의 옛 마음을 믿을 수 없다. 우리의 마음은 죄와 오류를 범하는 성향이 있다.

하나님의 진단이 올바르며 정확한지를 알고 싶다면 주의 십계명을 보라

(출 20장). 당신은 당신의 창조주(예수 그리스도 또는 하나님)의 이름을 헛되거나 나쁘게 또는 저주스럽게 사용한 적이 없는가? 이런 행위가 당신의 창조주께 얼마나 모욕이 되는지 생각해 보라. 그분은 당신의 어머니의 태에서 당신을 만드신 분이다. 그분은 당신에게 주의 지으신 아름다운 세계를 볼 수 있도록 눈을 주셨고 주의 다양한 멋진 음식들을 맛 볼 수 있게 혀를 주셨다. 어떻게 음악이 당신에게 힘을 주며 당신의 기분을 좋게 하는지 생각하며 당신의 귀의 경이로움을 감탄하라.

> 온갖 좋은 은사와 온전한 선물이 다 위로부터 빛들의 아버지께로부터 내려오나니 그는 변함도 없으시고 회전하는 그림자도 없으시니라(약 1:17).

당신은 왜 하나님께서 불경한 말들을 매우 심각하게 대하시는지 알겠는가? 당신은 거짓말을 한 적이 있는가? 가벼운 거짓말이든 심각한 거짓말이든 다 하나님의 눈에는 거짓이다. 우리는 진리를 말하도록, 온전한 진리를 그리고 진리만을 말하도록 명령을 받았다. 그러나 당신도 거짓말을 하지 않았는가?

당신은 도둑질을 한 적이 없는가? 어떤 것을 도둑질했는지는 중요하지 않다. 시험에서 커닝을 했거나 세금 보고를 속여도 도둑질이다. 기억하라. 하나님은 당신의 과거를 현재처럼 보신다.

간음을 범한 적은 없는가? 마음속에 몰래 간음을 범한 적은 없는가? 예수께서 말씀하셨다.

> 나는 너희에게 이르노니 음욕을 품고 여자를 보는 자마다 마음에 이미 간음하였느니라(마 5:28).

살인을 저지른 적은 없는가? 마음에 미움을 품어도 하나님의 눈에는 살인이라는 것을 깨닫는 자는 많지 않다. "그 형제를 미워하는 자마다 살인하는 자니 살인하는 자마다 영생이 그 속에 거하지 아니하는 것을 너희가 아는 바라"(요일 3:15). 내 삶에서 사라지길 원하는 사람들을 생각해 보라. 당신을 괴롭히는 사람들을 떠올리라. 당신에게 고통을 주고 당신에게 망신을 주는 사람을 생각해 보라. 당신은 마음속으로 그들을 미워한 적이 없는가? 그러하다면 살인이다.

만일 위의 질문들에 당신이 "네"라고 대답한다면 당신은 당신 자신이 불경한 말을 하는 자요, 거짓말쟁이요, 도둑이요, 간음자요, 살인자임을 인정하는 것이다. 우리가 죄를 지을 때, 우리는 거룩하신 창조주를 대항하여 죄를 범하는 것이다. 하나님은 우리에게 "죄의 삯은 사망이라"(롬 6:23)고 말씀하신다. 죄는 우리의 육체적 죽음뿐만 아니라 영원한 불못의 형벌을 받게 만든다(계 20:15).

6. 좋은 소식

다행스럽게도 이야기는 여기서 끝나지 않는다. 좋은 소식은 하나님은 아무도 멸망하지 않고 "다 회개하기에 이르기를"(벧후 3:9) 원하신다는 사실이다. 주의 위대한 사랑 가운데 하나님은 율법을 이루시고 우리의 죄악이 요구하는 형벌을 치르시기 위해 예수 그리스도의 인격 안에서 사람이 되셨다. 우리는 죄를 범하였으나 예수께서 우리를 대신하여 죽으셨다. 성경은 다음과 같이 선포한다.

> 우리가 아직 죄인되었을 때에 그리스도께서 우리를 위하여 죽으심으로 하나님께서 우리에 대한 자기의 사랑을 확증하셨느니라(롬 5:8).
> 하나님이 세상을 이처럼 사랑하사 독생자를 주셨으니 이는 그를 믿는 자마다 멸망하지 않고 영생을 얻게 하려 하심이라(요 3:16).

예수님은 우리를 대신하여 죽으셨다. 그러나 주님은 죽은 자들 가운데서 일어나서서 죽음을 이기셨다. 누구든지 죄를 회개하고 주를 믿으면 구원을 얻게 될 것이다. 이것이 바로 우리가 새 마음, 즉 영생을 받는 방법이다. 이것이 또한 예수께서 말씀하신 우리가 거듭나야 한다는 의미이다(요 3:3, 7). 우리의 영은 우리가 주님과 주의 은혜를 믿을 때 살아나게 된다.

7. 은혜의 선물

하나님은 모든 사람에게 구원을 선물로 주신다. 우리의 죄악으로 인한 형벌은 오직 예수님만이 치르실 수 있다. 우리는 우리의 선행이나 교회 참석으로 하나님을 매수할 수 없다. 예식이나 성례가 하나님의 공의를 만족시킬 수 없다. 구원은 예수 그리스도의 공로로만 가능하며, 따라서 오직 믿음으로 주님을 영접하는 모든 자들에게 주의 자비와 은혜로 인해 구원이 임한다. 성경은 다음과 같이 말한다.

> 너희는 그 은혜에 의하여 믿음으로 말미암아 구원을 받았으니 이것은 너희에게서 난 것이 아니요 하나님의 선물이라. 행위에서 난 것이 아니니 이는 누구든지 자랑하지 못하게 함이라(엡 2:8-9).
> 사람이 의롭게 되는 것은 율법의 행위로 말미암음이 아니요 오직 예수 그리스도를 믿음으로 말미암는 줄 알므로 우리도 그리스도 예수를 믿나니 이는 우리가 율법의 행위로써가 아니고 그리스도를 믿음으로써 의롭다 함을 얻으려 함이라 율법의 행위로써는 의롭다 함을 얻을 육체가 없느니라(갈 2:16).
> 그들이 묻되 우리가 어떻게 하여야 하나님의 일을 하오리이까 예수께서 대답하여 이르시되 하나님께서 보내신 이를 믿는 것이 하나님의 일이니라 하시니(요 6:28-29).

또한 구원은 선물이기 때문에 우리는 구원을 확신할 수 있다. 그 이유는 구원은 그리스도께서 이루신 것에 근거하는 것이지 나의 공로나 업적에 근거하지 않기 때문이다. 요한은 이 확신에 대해 다음과 같이 말한다.

> 또 증거는 이것이니 하나님이 우리에게 영생을 주신 것과 이 생명이 그의 아들 안에 있는 그것이니라. 아들이 있는 자에게는 생명이 있고 하나님의 아들이 없는 자에게는 생명이 없느니라. 내가 하나님의 아들의 이름을 믿는 너희에게 이것을 쓰는 것은 너희로 하여금 너희에게 영생이 있음을 알게 하려 함이라(요일 5:11-13).

반면에 가톨릭교회는 행위에 편중되어 있기 때문에 구원의 확신을 제시하지 못한다. 오히려 그들은 구원의 확신을 추측의 죄(the sin of presumption)라고 분류한다. 다음은 과거에 가톨릭 사제였던 어떤 분의 간증이다.

> 내가 살고 있던 신학교에서는 엄격한 수도승적인 삶을 따르지는 않았다. 물론 우리는 금식과 금욕을 포함한 자기-부인의 행위들을 수행했고 고해 성사들을 했다. 우리는 또한 고백적인 명상 훈련에 가야 했고 영성 기도회에도 참여해야 했다. 우리는 이러한 모든 노력에도 불구하고 구원의 확신을 가질 수 없다고 배웠다. 그 이유는 교회 교리 중에 누구든지 자신의 구원을 확신한다고 주장하는 자는 분명히 구원을 잃은 자라는 내용이 있기 때문이다.[2]

8. 궁극적인 희생 제사

가톨릭 예수는 성체 예수이다. 마리아 출현으로 증거하는 예수 또한 성체

---

[2] Richard Bennett and Martin Buckingham, *Far From Rome, Near to God: Testimonies of Fifty Converted Roman Catholic Priests* (Carlisle, PA: The Banner of Truth Trust, First Banner of Truth Trust Edition, 1997), p. 212, citing Mariano Rughi.

예수이다. 그러나 성체 예수는 성경에서 발견되지 않는다.

요한복음 1장은 예수님은 모든 만물의 창조주시라고 말한다(요 1:1-3). 그는 영원하시다(계 1:8). 그분은 죄가 없으시며(요일 3:5), 그분은 변하실 수 없으시며 변하지 않으신다(히 13:8). 골로새서 1장은 만유를 지으신 그분은 예수님이시며 또한 그분은 우리를 죄로부터 구속하시는 분이시라고 말한다(골 1:13-18).

다음과 같은 질문을 하는 것은 타당하다. 어떻게 영원하신 창조주이신 예수께서 가톨릭 사제에게 의존하여 주의 현존을 나타내시는가? 성경 어디에도 예수께서 사람이 만든 용기에 담기거나 갇힌다고 말하는 곳이 없다. 주님이 현존하도록 하시기 위해 사제가 필요하다고 말하는 곳도 없다.

더욱이 성체 예수가 매 미사 때마다 다시 희생이 되신다는 사실은 성경과 크게 어긋난다. 히브리서는 다음과 같이 말한다.

> 이로 말미암아 그는 새 언약의 중보자시니 이는 첫 언약 때에 범한 죄에서 속량하려고 죽으사 부르심을 입은 자로 하여금 영원한 기업의 약속을 얻게 하려 하심이라. 유언은 유언한 자가 죽어야 되나니 유언은 그 사람이 죽은 후에야 유효한즉 유언한 자가 살아 있는 동안에는 효력이 없느니라(히 9:15-17).

다른 말로 하면, 신약이 효력을 나타내려면 예수님은 "단번에"(히 10:10) 죽으셔야 했다는 뜻이다. 이는 예수님의 희생은 궁극적인 희생으로서 그의 신성의 완전함을 증거하는 것이다. 단번에 드린 제사를 다시 재현하고자 하는 것은 아버지의 뜻과 의도를 모욕하는 것이며 또한 주 예수 그리스도의 완전함과 능력과 엄위를 업신여기는 것이다. 히브리서 10:11-12은 두 개의 제사를 비교한다. 즉 하나님의 제사와 사람의 제사이다. 사람의 제사는 결코 죄를 없이 할 수 없지만, 하나님은 죄를 위해 단번에 영원한 희생 제사를 드리셨다.

가톨릭교회는 예수의 희생 제사를 죄를 없이 하지 못하는(히 10:4) 구약의 염소와 양들의 반복되는 제사로 만들어 버렸다. 예수님은 영원한 구속을 이루셨다. 그 일은 예수께서 말씀하신 것처럼 "다 이루어졌다"(요 19:30). 다락방은 비어졌고, 십자가에는 아무도 없다. 무덤은 비었고 예수님은 부활하셨다. 할렐루야! 주님은 지금 주를 신뢰하고 믿는 자들의 마음속에 거하신다. 참으로 이 사실은 우리가 기뻐해야 할 이유다.

예수께서는 "내가 세상 끝날까지 너희와 항상 함께 있으리라"(마 28:20)고 말씀하셨다. 사도 바울은 우리에게 그리스도는 모든 신자의 마음 안에 계신다고 말한다(엡 3:17). 그리스도인들은 하나님의 성전이다. 하나님의 영이 우리 안에 거하신다(고전 3:16). 만일 축성된 빵을 소화하는 것이 그리스도를 영접하는 참된 길이라면 주께서 우리와 함께 하시는 시간은 매우 짧은 시간이 된다. 오직 빵이 아직 소화가 다 되지 않았을 때만 주님이 우리와 함께 계시는 셈이 된다. 그 나머지 시간에는 주님은 계시지 않는다. 그러나 성경의 예수님은 우리에게 "내 안에 거하라 나도 너희 안에 거하리라"(요 15:4)고 말씀하신다. 또한 친히 말씀하시기를 "내가 결코 너희를 버리지 아니하고 너희를 떠나지 아니하리라"(히 13:5)고 하신다.

9. 심각한 결과들

히브리서는 그리스도를 반복하여 십자가에 못박으며 공개적으로 그리스도를 부끄럽게 하는 자들을 향해 경고하고 있다. 히브리서 6장을 보자.

> 그러므로 우리가 그리스도의 도의 초보를 버리고 죽은 행실을 회개함과 하나님께 대한 신앙과 세례들과 안수와 죽은 자의 부활과 영원한 심판에 관한 교훈의 터를 다시 닦지 말고 완전한 데로 나아갈지니라. 하나님께서 허락하시면 우리가 이것을 하리라. 한 번 빛을 받고 하늘의 은사를 맛보고 성령에 참여한 바 되고 하나님의 선한 말씀과 내세의 능력을 맛보고도 타락한 자들은 다시

새롭게 하여 회개하게 할 수 없나니 이는 그들이 하나님의 아들을 다시 십자가에 못 박아 드러내 놓고 욕되게 함이라(히 6:1-6).

당신은 성체 그리스도 때문에 성경의 구원의 계획을 부인하고 예수 그리스도를 공개적으로 욕되게 하려는가? 예수는 죄를 위해 단번에 십자가에 죽으셨음을 기억하라. 주님은 단번에 십자가상에서 그의 피를 흘리셨다. 희생은 치러졌다. 우리의 죄에 대한 대가는 다 지불되었다.

10. 참 예수를 부름

만일 우리가 우리의 죄를 회개하고(돌아서고 버림) 주님이 이루신 일들을 인정하면서 주께 우리가 지은 죄악들을 용서하시길 구하면 우리는 영원토록 우리의 창조주시며 구속주이신 예수님과의 관계에 들어갈 수 있다. 로마의 성도들에게 바울이 한 말을 보자.

> 그러면 무엇을 말하느냐 말씀이 네게 가까워 네 입에 있으며 네 마음에 있다 하였으니 곧 우리가 전파하는 믿음의 말씀이라. 네가 만일 네 입으로 예수를 주로 시인하며 또 하나님께서 그를 죽은 자 가운데서 살리신 것을 네 마음에 믿으면 구원을 받으리라. 사람이 마음으로 믿어 의에 이르고 입으로 시인하여 구원에 이르느니라. 성경에 이르되 누구든지 그를 믿는 자는 부끄러움을 당하지 아니하리라 하니 유대인이나 헬라인이나 차별이 없음이라 한 분이신 주께서 모든 사람의 주가 되사 그를 부르는 모든 사람에게 부요하시도다. 누구든지 주의 이름을 부르는 자는 구원을 받으리라(롬 10:8-13).

예수 그리스도는 주님을 "시인하고" 하나님께서 그를 죽은 자에서 부활시키신 것을 "믿으며", "주를 부르는" 모든 자들에게 자유와 영생을 주신다.

예수 그리스도는 지극히 거룩하신 하나님의 죄에 대한 모든 요구를 다 만족시키셨다. 따라서 예수 안에서 죄인들은 죄 사함을 받고 떳떳하게 되었다. 확신을 주시는 주님의 말씀을 들어보자.

> 내가 또 너희에게 이르노니 구하라 그러면 너희에게 주실 것이요 찾으라 그러면 찾아낼 것이요 문을 두드리라 그러면 너희에게 열릴 것이니 구하는 이마다 받을 것이요 찾는 이는 찾아낼 것이요 두드리는 이에게는 열릴 것이니라. … 너희가 악할지라도 좋은 것을 자식에게 줄 줄 알거든 하물며 너희 하늘 아버지께서 구하는 자에게 성령을 주시지 않겠느냐(눅 11:9-10, 13).

만일 우리가 진실한 마음으로 주께 나아가 우리의 죄악을 용서해 주시기를 구하면 주님은 우리를 용서하실 것이다. 사도행전에서 누가는 다음과 같이 기록한다.

> 이에 베드로가 성령이 충만하여 이르되 백성의 관리들과 장로들아. 만일 병자에게 행한 착한 일에 대하여 이 사람이 어떻게 구원을 받았느냐고 오늘 우리에게 질문한다면 너희와 모든 이스라엘 백성들은 알라 너희가 십자가에 못 박고 하나님이 죽은 자 가운데서 살리신 나사렛 예수 그리스도의 이름으로 이 사람이 건강하게 되어 너희 앞에 섰느니라. 이 예수는 너희 건축자들의 버린 돌로서 집 모퉁이의 머릿돌이 되었느니라. 다른 이로써는 구원을 받을 수 없나니 천하 사람 중에 구원을 받을 만한 다른 이름을 우리에게 주신 일이 없음이라 하였더라(행 4:8-12).

베드로가 말한 이 '예수'가 바로 나사렛의 예수이며 우리의 참된 예수시다. 우리 각자가 주의 말씀을 알기 때문에 주님이 누구신지 알고 있음을 확신하자.

11. 구원을 위한 기도

사랑하는 주님, 주의 말씀은 만일 제가 제 입술로 주 예수를 시인하고 주께서 죽은 자 가운데서 일어나셨다는 것을 제 마음에 믿으면 제가 구원을 받을 것이라고 말합니다. 마음으로 믿어 의에 이르고 입술로 시인하여 구원에 이른다고 합니다.

저는 주께 나의 죄를 시인하며 주의 용서를 구합니다. 나는 당신이 나의 주와 나의 구세주가 되기를 기도합니다. 지금부터 주의 성령으로 인해 제 삶을 인도하시고 지도하소서. 주의 말씀을 읽으면서 날마다 더욱 주를 알아가도록 도우소서. 예수님의 이름으로 기도합니다. 아멘.

다 함께 다음 말씀을 기억하고 즐거워하자.

> 죽으실 뿐 아니라 다시 살아나신 이는 그리스도 예수시니 그는 하나님 우편에 계신 자요 우리를 위하여 간구하시는 자시니라(롬 8:34).

결론: 그리스도인의 사명

가톨릭의 마리아와 성체 예수를 받아들인 많은 진실한 가톨릭 신자들은 그들의 간절한 열망 가운데 다른 사람들을 가톨릭교회로 이끌고 있다. 그러나 그들이 아무리 진실할지라도 이들도 또한 속고 있는 것이다. 모든 가톨릭 교인들이 마리아와 성체에 대한 로마교회의 비성경적인 가르침을 받아들이는 것은 아니다. 그럼에도 많은 사람들이 이러한 속임수를 받아들이고 있다. 우리는 신자로서 디모데에게 준 바울의 마지막 권면을 기억해야 하겠다.

> 너는 말씀을 전파하라 때를 얻든지 못 얻든지 항상 힘쓰라 범사에 오래 참음과 가르침으로 경책하며 경계하며 권하라. 때가 이르리니 사람이 바른 교훈을 받지 아니하며 귀가 가려워서 자기의 사욕을 따를 스승을 많이 두고 또 그 귀를 진리에서 돌이켜 허탄한 이야기를 따르리라. 그러나 너는 모든 일에 신중하여 고난을 받으며 전도자의 일을 하며 네 직무를 다하라(딤후 4:2-5).

우리는 그리스도인으로서 사랑 가운데 진리를 제시할 수 있도록 준비되어야 한다. 이를 위해서는 종종 하나님의 말씀의 빛으로 미혹을 드러내야 할 때가 있다.

사람들은 영적인 의미와 목적과 만족을 추구하고 있다. 하나님께서 주의 성령으로 우리 각자를 이 시대를 향한 충성스런 증인들로 만들어주시길 기도한다. 진리의 말씀을(엡 1:13) 증거하며 영혼들을 생명의 말씀(요일 1:1), 즉 예수 그리스도께로 인도할 수 있기를 바란다.

색인

ㄱ

가톨릭교회 교리문답 43-45, 75, 93, 113
개신교 신자들 34, 70
거짓 그리스도 16, 68, 98, 162
거짓 기사 69, 99
경이로움을 다시 불타오르게 88, 92, 113
교황 베네딕트 16세 83
교황 요한 바울 2세 27
교회 교부들 39, 46
구원 13, 48, 71, 135, 189
국제성체대회 28-29
그리스도의 성체적 통치 149, 157
기적 14, 38, 68, 103, 108, 144, 182
깁슨, 멜 165, 168, 171, 178-179

ㄹ

라일 105
랏징거 추기경
    (교황 베네딕트 16세를 보라) 83

ㅁ

마리아 29, 81, 121, 133, 135, 139, 147, 179
마리아 출현 102, 134, 145, 172
마지막 날들 102, 135, 183
마지막 만찬 40, 46, 58, 69, 176
메쥬고레 123, 136, 170
몰몬교 89-90
무슬림 110, 154
미사 17, 68, 94, 126, 128, 138, 169, 171

ㅂ

바티칸 43, 86, 92-93
복된 성사 87, 136, 146
복음주의자들 116, 130, 173, 178
브라운, 마이클 107, 110, 153, 157
빵 15, 25, 37-38, 43, 51, 56, 106, 123, 126, 177

ㅅ

사도 바울 13, 23, 101, 191
산상수훈 14
새 선교 79, 81-82, 84, 88
새 시대 142, 157-160
새 오순절 83
성광 73-76, 85, 91, 109, 120, 146
성궤 25, 31-32, 41
성례 31, 43, 71, 98, 137, 141, 146, 188
성찬 41, 58, 60, 62-63, 125, 136
성체 기적 40, 43, 102, 107, 144
성체 대회 33-34, 80, 93, 197
성체 숭배 87, 89, 92-93, 95, 99, 132, 134, 147
속죄 45-46, 69, 95, 136
수난 138, 165, 169, 173-174, 178
순교자 29, 106, 175
실제 현존 81, 94, 105, 127, 141, 146, 177
십자가 44, 160-161, 168, 192

ㅇ

암스텔담의 기적 102, 104
암스트롱, 데빗 38
에덴동산 101
에미릭, 캐서린 174-175
영구적 83, 92-93
영적 미혹 19-20, 25
예수의 어머니 133, 157
예식 31, 59, 73, 176
우상 62, 98, 129, 155
은혜 13, 15, 41, 48, 87, 152, 172, 188

ㅈ

재림 20, 66, 151, 153-154, 156, 159, 162, 181
저주 24, 186
제2차 바티칸 공의회 92-93
제병 15, 37, 40, 64, 75-76, 103-104
지옥 15-16, 22, 80, 132

ㅊ

체험에 기초한 기독교 88, 90, 130
초자연적 출현 155
축성 15, 37, 39, 45, 73, 90, 118, 133, 140, 191
출현 25, 102, 110, 134-136, 139, 145,

147, 153-154, 172, 189
치유 88, 116, 125, 127, 145, 160

ㅎ

한, 스콧 41, 116-117, 120-121
화체설 15, 24, 37, 40, 66, 73, 105-106, 115, 125
힌, 베니 123-125

ㅋ

콜럼버스 기사회 29-30, 33-34
콜슨, 척("복음주의자들과 카톨릭 신자들이 함께 하다"를 보라) 34, 114
크루즈, 조안 캐롤 37, 40, 43
크리프트, 피터 70, 114-116, 171

ㅌ

테드와 모린 플린 139, 159
테트로우, 짐 10, 134, 147, 198
트렌트 공의회의 교회법과 교령집 24
티그펜, 폴 121-122

ㅍ

파티마의 성모 136
패커, 제이 아이 115
페르데만, 이다 102
페트리스코, 토마스 139, 156-158
폭스의 순교자의 책 106
피없는 희생 69, 91

가톨릭 성체 비판
Another Jesus?

2010년 12월 30일 초판 발행

지은이 | 로저 오클랜드
옮긴이 | 스데반 황

펴낸곳 | 사)기독교문서선교회
등록 | 제16-25호(1980. 1. 18)
주소 | 서울시 서초구 방배동 983-2
전화 | 02) 586-8761~3(본사) 031) 923-8762~3(영업부)
팩스 | 02) 523-0131(본사) 031) 923-8761(영업부)
홈페이지 | www.clcbook.com
이메일 | clckor@gmail.com
온라인 | 국민은행 043-01-0379-646, 기업은행 073-000308-04-020
           예금주: 사)기독교문서선교회

ISBN 978-89-341-1123-8 (93230)

* 낙장 · 파본은 교환해 드립니다.